C.H.BECK WISSEN

in der Beck'schen Reihe

Im 15. bis 17. Jahrhundert formierten sich an den Flüssen der Steppengrenze die egalitären Kriegergemeinschaften der Dnjepr-, Don- und Terek-Kosaken. Sie spielten in Polen-Litauen und im Moskauer Staat als Krieger und als Rebellen eine hervorragende Rolle. Die Anführer aller frühneuzeitlichen Volksaufstände in Osteuropa waren Kosaken. Im 18. und 19. Jahrhundert «zähmte» das Russländische Imperium die Kosaken, die als privilegierter Militärstand treue Diener der Zaren wurden. Im russischen Bürgerkrieg kämpften sie mehrheitlich gegen die Bolschewiki, und in der Sowjetunion wurde das Kosakentum zerstört. Als Hilfstruppen der deutschen Wehrmacht traten Kosaken ein letztes (unrühmliches) Mal ins Rampenlicht der Geschichte. Aktuelle Versuche, das Kosakentum in der Ukraine und in Russland wiederzubeleben, erschöpfen sich weitgehend in Folklore.

Das Buch behandelt einen vernachlässigten Aspekt der Geschichte Osteuropas und erinnert an archaische Lebensformen und proto-demokratische Herrschaftsweisen, die im modernen Europa keinen Platz mehr hatten.

Andreas Kappeler ist Prof. em. für Osteuropäische Geschichte an der Universität Wien und Mitglied der Österreichischen und der Ukrainischen Akademie der Wissenschaften.

Andreas Kappeler

DIE KOSAKEN

Verlag C.H.Beck

Mit 2 Karten und 20 Abbildungen

Originalausgabe

Gesamtherstellung: Druckerei C.H.Beck, Nördlingen
Umschlagentwurf: Uwe Göbel, München
Umschlagabbildung: Kupferstich nach einer Zeichnung
von Michel François Damame-Demartrais, © akg-images
Printed in Germany
ISBN 978 3 406 64676 8

www.beck.de

Inhalt

I. Wilde Räuber – Freiheitskämpfer? Klischees und Geschichtsbilder

Kosaken – der Begriff weckt Vorstellungen von wilden asiatischen Reiterhorden, von verwegenen, grausamen, die Peitsche, Lanze oder den Säbel schwingenden Kavalleristen im Dienste Russlands, von schnurrbärtigen Reitern in farbenprächtigen Uniformen, mit fremdartigen pelzbesetzten Kopfbedeckungen oder mit bis auf einen Haarschopf abrasierten Köpfen. Vielleicht erscheinen vor dem inneren Auge und Ohr die Chöre der Donkosaken mit ihren schwermütigen russischen Liedern oder Tänzer, die im Kazačok zu rhythmischer Musik in der Hocke auf den Boden stampfen und abwechselnd ein Bein ausstrecken.

Dem Leser russischer Literatur begegnen Kosaken in Werken wie Aleksandr Puškins *Hauptmannstochter*, Michail Lermontovs Kosaken-Schlaflied (*bajuški-baju*), Nikolaj Gogol's *Taras Bul'ba*, Lev Tolstojs *Die Kosaken*, Isaak Babels *Reiterarmee* und Michail Šolochovs *Der stille Don*. Sie sind gegenwärtig in der polnischen Literatur der Romantik (in der Schule der Kosakophilen und bei Juliusz Słowacki) und im Roman *Mit Feuer und Schwert* von Henryk Sienkiewicz. Der Kosakenmythos nimmt im Werk des ukrainischen Nationaldichters Taras Ševčenko einen zentralen Platz ein. Besonders viel Aufmerksamkeit fand der ukrainische Kosaken-Hetman Ivan Mazepa, der zum Gegenstand von Poemen Lord Byrons, Alexander Puškins und Victor Hugos, einer Symphonischen Dichtung Franz Liszts, einer Oper Petr Čajkovskijs und eines Gedichts von Bertolt Brecht wurde. Auch in der bildenden Kunst tauchen Kosaken immer wieder auf: *Die Zaporožer Kosaken schreiben dem türkischen Sultan einen Brief* – so heißt eines der berühmtesten Bilder der russischen Malerei von Ilja Repin.

Historikerinnen und Historiker in Russland, der Ukraine und Polen, also in den Ländern, in denen Kosaken lebten und

und deren Nachkommen zum Teil heute noch leben, haben sich immer wieder mit der Geschichte der Kosaken beschäftigt. Allein in der russischen Geschichtsschreibung lassen sich fünf Hauptgruppen unterscheiden:

1. Die offiziellen zarentreuen Historiker des 19. und frühen 20. Jahrhunderts stellten die russischen Kosaken als Stützen des Imperiums dar, als militärische Truppe, die die Grenzen sicherte und die Expansion Russlands nach Sibirien und in den Kaukasus vorantrieb, an allen großen Kriegen teilnahm und dem Zarenregime zur Bekämpfung innerer Gegner diente.
2. Die schmale Gruppe der Historiker aus der kritischen Intelligencija stellte im Gegensatz dazu die freien Kosaken mit ihren egalitären demokratischen Traditionen als Anführer von Volksaufständen und regionalistischen Bewegungen in den Vordergrund.
3. Die sowjetische Historiographie verteufelte die «bösen» zarentreuen Kosaken, von denen sich viele im Bürgerkrieg gegen die Bolschewiki gestellt hatten, während sie die «guten» Kosaken, die sich gegen die alte Ordnung gewandt hatten, mit Kategorien des Klassenkampfs interpretierte.
4. Die Historiker aus den Reihen kosakischer Emigranten suchten nach 1917 an die vorrevolutionären Traditionen anzuknüpfen und träumten von einem Kosakenstaat.
5. Die postsowjetische Geschichtsschreibung knüpft hauptsächlich an die zarentreue Richtung an und betont die militärischen Verdienste der russischen Kosaken für das Imperium, arbeitet aber auch die Rolle der Kosaken als gegenrevolutionäre Kraft im russischen Bürgerkrieg auf.

In der ukrainischen Historiographie spielten und spielen die Kosaken eine erheblich größere Rolle als in der russischen. Dies begann mit den ersten bedeutenden Historikern Nikolaj (Mykola) Kostomarov und Mychajlo Hruševs'kyj, die sich eingehend mit den ukrainischen Kosaken auseinandersetzten. Die ukrainische Historiographie ist einheitlicher als die russische: Sie konzentriert sich auf die ukrainischen Kosaken als wichtigste Träger einer frühneuzeitlichen ukrainischen Nation. Al-

Abb. 1 Historienbild des russischen Malers Ilja Repin: Die Zaporožer Kosaken schreiben einen Brief an den Sultan (1880–91)

lerdings setzte man unterschiedliche Akzente. Die eine Richtung hob die sozialrevolutionären und demokratischen Traditionen der Kosaken und ihren Kampf gegen Polen und Russland hervor, die andere legte den Schwerpunkt auf ihre staatsbildende Kraft, die Formierung des proto-nationalen Hetmanats. Die sowjetukrainischen Historiker waren seit den 1930er Jahren gezwungen, das Hetmanat als Etappe der «Wiedervereinigung» der Ukraine mit Russland zu interpretieren. In der unabhängigen Ukraine wurden die Dnjeprkosaken erneut zum bevorzugten Thema der Historiker und übernahmen eine zentrale Rolle in der wiederbelebten nationalen Meistererzählung.

Auch die polnische Geschichtsschreibung, die sich ebenfalls intensiv mit den ukrainischen Kosaken auseinandersetzte, legte den Schwerpunkt auf die Epoche der frühen Neuzeit. Sie bewertete die Kosaken im Gegensatz zu den ukrainischen Historikern als räuberische destruktive Kraft, die für den Niedergang des polnisch-litauischen Königreichs verantwortlich war.

Abb. 2 Kosaken beim russischen Einmarsch in Paris 1814 (Lithographie aus der englischen Schule, 19. Jahrhundert)

Die widersprüchlichen, zum Teil inkompatiblen Kosakenbilder in der Historiographie spiegeln die Widersprüchlichkeit der kosakischen Geschichte wider. Die Tatsache, dass Kosaken sowohl in der russischen, ukrainischen und polnischen Geschichtsschreibung eine wichtige Rolle spielten, macht sie zu einem dankbaren Objekt transnationaler Ansätze.

Dieses kleine Buch beschäftigt sich mit der Geschichte der Kosaken von ihren Anfängen bis zur Gegenwart. Das könnte dazu verleiten, die Kosaken als feste unveränderbare Größe anzusehen. Tatsächlich veränderte sich das mit dem Begriff «Kosaken» Bezeichnete in Zeit und Raum ständig, und die Zaporožer Kosaken des 16. und die Amurkosaken des frühen 20. Jahrhunderts haben wenig Gemeinsames. Dies muss bei der Lektüre im Auge behalten werden. Dennoch halte ich es für gerechtfertigt, die Geschichte der Kosaken zu erzählen und den Begriff durchgehend zu verwenden, da er kontinuierlich als Fremd- und Selbstbezeichnung auftaucht und da sich Kosaken immer wieder auf ihre Vorfahren beriefen.

2. Die Entstehung des Kosakentums

Die Kosakentum entstand im 15. und 16. Jahrhundert im Süden der heutigen Staaten Russland und Ukraine, in der Grenzzone zwischen den von Ostslawen besiedelten Ackerbaugebieten und der Grassteppe im Norden des Schwarzen und Kaspischen Meeres. Der sich von Innerasien bis zur Donaumündung erstreckende Steppengürtel war seit der Antike der Weg, auf dem innerasiatische Reiternomaden, von den Hunnen bis zu den Mongolen, nach Europa wanderten. Sie blieben bis zum 18. Jahrhundert die Herren der Steppe, denen die sesshaften Mächte militärisch nicht gewachsen waren.

Seit die Goldene Horde, ein Teilreich des mongolischen Imperiums, unter dessen Herrschaft das heutige europäische Russland seit dem Jahr 1237 stand, im 15. Jahrhundert zerfiel, kontrollierte eines ihrer Nachfolgereiche, das Chanat der Krimtataren, die nordpontische Steppe. An der unteren Wolga wurden die Nogai-Tataren zur bestimmenden Kraft. Die turksprachigen muslimischen Krimtataren wurden zu Vasallen des Osmanischen Reiches, das seit der Mitte des 15. Jahrhunderts die Küsten des Schwarzen Meers kontrollierte. Seit dem späten 15. Jahrhundert waren auch das Moskauer Reich und das Königreich Polen-Litauen regionale Großmächte. Die Steppengrenze wurde zum Raum, an dem sich Russland, Polen-Litauen und das Osmanische Reich begegneten.

Die Krim- und Nogaitataren unternahmen regelmäßig Raubzüge in die steppennahen Gebiete des Moskauer Staates und der zu Polen-Litauen gehörenden Ukraine, raubten Vieh und Pferde, verwüsteten Siedlungen, trieben Teile der Bevölkerung weg und verkauften sie den Osmanen und Persern als Sklaven. Der Schutz der Südgrenzen, der Ukraïna, und der hinter ihnen siedelnden Ackerbauern und Viehzüchter war eine der Hauptaufgaben des Moskauer und des polnisch-litauischen Staates im 15. bis 18. Jahrhundert. Gleichzeitig war die Steppengrenze Schauplatz friedlicher kommerzieller und kultureller Interaktionen zwischen Sesshaften und Nomaden.

Der Lebensraum: Die Flüsse an der Steppengrenze

Die Kosaken waren von ihrem Lebensraum an der Steppengrenze geprägt. Die ersten Kosaken ließen sich in den Flusswäldern an den Unterläufen von Dnjepr (ukr. Dnipro), Don, Wolga und Jaik (heute Ural), die Schutz vor den tatarischen Reitern boten, nieder. Die Terekkosaken und die benachbarten Greben-Kosaken (die ich im Folgenden vereinfachend gemeinsam als Terekkosaken bezeichne), lebten dagegen auf dem der Steppe zugewandten Ufer des Flusses und standen den Tschetschenen jenseits des Flusses gegenüber.

Die frühen Kosaken betrieben Fisch- und Biberfang, Jagd und Bienenzucht, erst später auch Viehwirtschaft. Eine wichtige Einnahmequelle war die Beute aus Raub- und Kriegszügen. Ihr wichtigstes Fortbewegungsmittel war zunächst nicht das Pferd – zu Pferd waren die tatarischen Reiter weit überlegen –, sondern das Boot. Ihr primärer Lebensbereich war also nicht die Steppe, das unwegsame «wilde Feld», sondern der Fluss. Die Furten, an denen die Tataren mit ihren Pferden die Flüsse überqueren mussten, boten den Kosaken gute Gelegenheiten für räuberische Überfälle. Sie waren geschickte Bootsfahrer nicht nur auf den Flüssen, sondern bald auch auf dem Schwarzen und Kaspischen Meer. Nicht umsonst sind alle traditionellen Gruppen von Kosaken nach Flüssen benannt: Dnjepr-Kosaken (oder nach den Dnjepr-Stromschnellen: Zaporožer Kosaken), Don-Kosaken, Wolga-Kosaken, Jaik-Kosaken, Terek-Kosaken.

Der Begriff ‹Kosak› (*qazaq*) ist turksprachigen Ursprungs und bezeichnete ursprünglich einen freien Krieger, dann spezieller einen Abenteurer, Plünderer oder Wächter. Auf dieselbe Wurzel geht übrigens auch der Volksname der Kasachen zurück. Die ersten Kosaken, die seit der Mitte des 15. Jahrhunderts in genuesischen, russischen und polnischen Quellen erwähnt werden, waren denn auch Tataren, die uns als militärische Dienstleute und als Steppenfreibeuter entgegentreten. Kleinere Gruppen muslimischer Kosaken, die sich aus ihren tatarischen Stammesverbänden gelöst hatten, wurden im Moskauer Staat als Grenzwächter, Hilfstruppen und diplomatische Kuriere eingesetzt.

Die ersten ostslawischen Kosaken sind seit Ende des 15. Jahrhunderts in den Quellen bezeugt. Spekulative Theorien über ältere autochthone Wurzeln des Kosakentums lasse ich außer Acht. Schon bald überwogen unter den Kosaken orthodoxe Russen und Ukrainer. Dabei handelte es sich nur zu einem kleinen Teil um assimilierte Tataren, die Mehrzahl waren ehemalige Bauern, die sich dem zunehmenden Druck vonseiten des Adels und des Staates durch die Flucht an die Steppengrenze entzogen. Der Begriff Kosaken bezog sich in erster Linie auf eine Lebensweise und auf spezifische Funktionen und nicht auf eine sprachliche oder religiöse Gruppe. Er wurde zusammen mit äußeren Kennzeichen und Begriffen wie *Ataman* (für den Anführer), *Jesaul* (für einen Offizier), *kuren'* (befestigtes Lager, später Hof), *bulava* (Amtsstab) und *bunčuk* (Banner) von den Tataren oder anderen orientalischen Völkern auf die Ostslawen übertragen.

Obwohl fortan die weit überwiegende Mehrheit der Kosaken orthodoxe Ostslawen waren, blieb die ethnische und soziale Zusammensetzung der Kosakenverbände heterogen und ihre Kultur hybrid: Neben Russen und Ukrainern gab es Tataren, Polen, Rumänen, Serben, Kaukasier und sogar einzelne Deutsche und Juden. Unter den Kosaken waren Kenntnisse des Tatarischen oder anderer Turksprachen verbreitet. Besonders bunt war die Zusammensetzung der Terekkosaken, unter denen Tschetschenen, Tscherkessen, Osseten und andere nordkaukasische Ethnien, dazu Georgier und Armenier vertreten waren. Neben entlaufenen Bauern stießen Stadtbewohner, Soldaten, Kriminelle und Abenteurer unterschiedlicher Herkunft zu den Kosaken, bei den Dnjeprkosaken auch Stadtbewohner und Adlige. Im Unterschied zu den Donkosaken blieben viele Dnjeprkosaken in ständiger Verbindung mit den Städten und Dörfern nördlich der Steppengrenze. Diese dienten manchen Kosaken, die sich nur im Sommer ihren Gewerben am Steppenrand widmeten, als Winterquartiere. Der Übergang von den südlichen Grenzregionen Polen-Litauens zu den von Kosaken kontrollierten Gebieten blieb auch später fließend.

Die ersten Gemeinschaften freier Kosaken

In den Uferwäldern oder auf Inseln der Flüsse Dnjepr, Don und Wolga, seit dem späten 16. Jahrhundert auch an Terek und Jaik, errichteten freie Kosaken befestigte Lager. Zunächst bildeten sie kleine Personenverbände, die Jagd, Fallenstellen, Fischfang, Grenzdienst und Raubzüge organisierten; man kann sie als Bruderschaften charakterisieren. Manche errichteten nur Sommerlager und zogen sich im Winter flussaufwärts zurück. Seit in der zweiten Hälfte des 16. Jahrhunderts eine Massenflucht an die Steppengrenze einsetzte, schlossen sich Kosaken zu größeren Verbänden, zu Kosakenheeren zusammen.

Schon in der Mitte des 16. Jahrhunderts gab der ostslawische Fürst Dmytro Vyšnevec'kyj, der abwechselnd in polnisch-litauischen und Moskauer Diensten stand, bevor er in osmanischer Gefangenschaft starb, den Dnjeprkosaken vorübergehend eine festere Organisation mit einem Zentrum auf der Dnjepr-Insel Chortycja. Dieser Stützpunkt (Sič), der bald von den Tataren zerstört und später auf unterschiedlichen Inseln neu errichtet wurde, lag unterhalb (hinter) der Dnjepr-Stromschnellen (ukr. *porohy*, russ. *porogi, za* bedeutet ‹hinter›). Davon kommt die Bezeichnung der ukrainischen Kosaken als Zaporožer Kosaken; ihr Zentrum hieß dementsprechend Zaporožer Sič. Gleichzeitig formierte sich am unteren Don, nahe seiner Mündung in das Azovsche Meer, das «All-Große Don-Heer» mit dem ebenfalls auf einer Insel gelegenen Čerkassk als Zentrum.

Die militärischen Grenzergemeinschaften der Kosaken, die zunächst nur aus Männern bestanden, gaben sich eine spezifische egalitäre Ordnung. Oberstes Entscheidungsgremium war die Versammlung aller Kosaken, der Ring (*kolo, krug*) oder Rat (*rada*), der die Offiziere und den obersten Anführer des Kosakenheeres, den Hetman oder Ataman, wählte, Gericht hielt und andere wichtige Entscheidungen traf. Der gewählte Führer er-

Abb. 3 Ring der Kosaken in der Zaporožer Sič (nach einer Zeichnung des 18. Jahrhunderts)

hielt weitgehende Kompetenzen, ihm schuldeten alle Kosaken Gehorsam, doch konnte er abgewählt werden. Für Feldzüge wurden eigene Atamane gewählt, die nach ihrer Rückkehr zurücktreten mussten. Die politische Organisation der Kosaken zeigt eine eigentümliche Mischung aus militärischer Disziplin, egalitärer Verfassung und anarchischen Elementen. Die frühen Kosaken nannten sich «freie Leute» (*vol'nye ljudi*), und die Freiheit blieb für das Selbstverständnis und die Fremdwahrnehmung der Kosaken zentral. Im russischen und ukrainischen Begriff *volja* ist die für die Kosaken kennzeichnende Ambivalenz von Freiheit und Ungebundenheit auf der einen und Zügellosigkeit und Anarchie auf der anderen Seite enthalten.

Wir sind über die frühen Dnjeprkosaken besser informiert als über die Kosaken an Don, Jaik und Terek, die entsprechende Organisationsformen entwickelten. Nur den Wolgakosaken gelang es nicht, am Fluss, der von russischen Festungen gesäumt war, ein stabiles Heer zu errichten. Erst im 18. Jahrhundert wurde, jetzt aber auf Initiative der Regierung, kurzfristig ein Heer der Wolgakosaken geschaffen. Zur Verbreitung der spezifischen politischen Ordnung der Kosaken trug bei, dass die einzelnen Verbände in ständiger Verbindung zueinander standen. Gruppen von Kosaken wechselten von einem Fluss zum anderen und unternahmen gemeinsame Kriegs- und Raubzüge.

Der früheste Augenzeugenbericht über die Ordnung der Kosaken stammt vom österreichischen Gesandten Erich Lassota, der im Auftrag Kaiser Rudolfs II. im Jahr 1594 die «Nießer oder Zaporoser Kosaken, so in den Inseln des flusses Borysthonis, der auf Polnisch Nepr genennet wird, sich aufhalten», besuchte, um sie für ein Bündnis gegen die Tataren und Türken zu gewinnen. Er wurde im Ring (*kolo*) nicht nur vom Hetman und der «Ritterschaft» (den Offizieren), sondern dem ganzen «freien Zaporosischen Kriegsvolk» empfangen. Die Verhandlungen Lassotas mit den Dnjeprkosaken komplizierten sich dadurch, dass alle Beschlüsse vom Ring gebilligt werden mussten. Damit nicht genug: Der Ring spaltete sich auf in einen der Offiziere und einen der «gemeinen Leute». Die einfachen Kosaken übten Druck auf die vornehmen aus und setzten unter Drohungen ihre Meinung durch. Dann wurde im gemeinsamen großen Ring abgestimmt. Kurz darauf widerrief aber der Ring der einfachen Kosaken den Beschluss, und es bedurfte erneuter Verhandlungen und eines (vorübergehenden) Rücktritts des Hetmans, bis das Bündnis endlich abgeschlossen werden konnte.

Lassotas Augenzeugenbericht gibt uns einen Einblick in die frühe egalitäre und recht chaotische Ordnung der freien Zaporožer Kosaken. Ähnliche, etwas spätere und weniger ausführliche Zeugnisse gibt es für die Donkosaken. Auch hier waren alle Kosaken wahlberechtigt und fällten nach öffentlichen Debatten ihre Entscheidungen. Sie teilten auch die Beute aus Kriegs- und Raubzügen gleichmäßig unter sich auf. Neben dem zentralen Ring, der in Čerkassk den Ataman wählte und wichtige Entscheidungen über Kriegs- und Raubzüge fällte, gab es mehrere lokale Gemeinschaften, die sich selbst verwalteten. Als ein russischer Verwaltungsmann im Jahre 1638 von den Donkosaken verlangte, dass sie Vertreter ihrer Oberschicht nach Moskau schicken sollten, antwortete man ihm selbstbewusst:

«Unsere Führer sind die vom Heer gewählten, und wir alle sind untereinander gleich.»

Die Gemeinschaften der Zaporožer und Donkosaken waren lose organisiert und unterlagen ständigen Fluktuationen und Umgruppierungen. Lassota berichtet von einer kosakischen Expedition mit fünfzig Schiffen und 1300 Mann ins Schwarze Meer, die angesichts einer osmanischen Übermacht wieder umkehren musste. Dem Zeugnis Lassotas folgend, verfügten die Zaporožer Kosaken zu diesem Zeitpunkt nur über gut 3000 Mann und relativ wenige Pferde, da die Tataren jüngst 2000 Pferde erbeutet hätten. Neben den Zaporožern ist die Rede von zwei eigenständigen Gruppen von mehreren tausend Kosaken unter dem Kommando von Hryhorij Loboda und Severyn Nalyvajko, die beide wenig später als Anführer von Aufständen in Erscheinung traten. Loboda habe den Tataren über 3000 Pferde «abgezwackt».

Lassotas Bericht zeugt davon, dass die Kosaken sich schon seit dem Ende des 16. Jahrhunderts sozial differenzierten. Es kam vermehrt zu Konflikten zwischen den einfachen Kosaken, bei den Dnjeprkosaken *čern'* (gemeines Volk), bei den Donkosaken *golyt'ba* (Nackte, Arme) genannt, und der Oberschicht, der *Staršyna* (den Offizieren), wie sie am Dnjepr hießen; am Don nannte man sie *domovitye* (Wohlhabende) oder *starožily* (Alteingesessene). Diese soziale Differenzierung der Kosaken war eine Folge ihres zahlenmäßigen Anwachsens. Infolge der Ausbreitung der Leibeigenschaft und des wachsenden Steuerdruckes vonseiten des polnisch-litauischen Adels und des Moskauer Staates flohen immer mehr Bauern an die Steppengrenze, schlossen sich den Kosaken an und nahmen ihre Lebensform an – «kosakierten sich», wie es in den Quellen heißt. Zunächst blieben die kosakischen Bruderschaften nach außen offen, doch im Laufe der Zeit grenzten sich die alteingesessenen Kosaken zunehmend von den neu hinzugekommenen ab.

За своєго ГЕТМаства взѧл в Турцѣ Мѣсто Кафу:
Аж и сам Цесарь Турскій былъ в великом страху:
Бо му Чотырнадцать тисячъ там люду збилъ,
КАТАРГИ єдины палилъ, другіи потопилъ.
Многω тогды з неволѣ Хртіанъ свободилъ,
За што того Бгъ з воинствомъ єго Блвилъ.
Бо за найболшую міхъ собѣ нагороду
Почитаєтъ Рыцеръ кгды кого на Свободу
Высволитъ: за што грѣхωвъ собѣ ωпущене
Ωдержитъ: а по Смрти в Небѣ вмѣщене
Дознавалъ не поєдинъкроть Турчинъ поганинъ
Єго мензства. и прудковшенный Татаринъ.

Abb. 4 Eroberung von Kaffa (heute Feodosija) durch die Kosaken (Illustration zur Elegie von Kasijan Sakovyč auf den Tod des Hetmans Sahajdačnyi, 1622)

Auseinandersetzungen mit Tataren und Osmanen

Die freien Kosaken an Dnjepr und Don waren ständig in Auseinandersetzungen mit den Krimtataren, Nogaitataren und Osmanen verwickelt. Während die Tataren periodisch in die Grenzgebiete einfielen und Vieh und Menschen verschleppten, raubten die Kosaken ihrerseits von den Tataren ganze Herden von Pferden, Schafen und Rindern, versklavten Menschen und überfielen osmanische Karawanen. Eine weit verbreitete Praxis war der gegenseitige Loskauf vornehmer Gefangener. Mit ihren kleinen beweglichen, *čajki* (Möwen) genannten Schiffen fuhren die Don- und Dnjeprkosaken ins Schwarze Meer. Der französische Ingenieur Beauplan, der von 1630 bis 1648 in polnischen Diensten stand, berichtet von den Dnjeprkosaken:

> «In zwei oder drei Wochen können sie achtzig oder hundert Boote bauen ... Jedes Boot hat Platz für fünfzig bis siebzig Mann, jeder ist mit zwei Feuerwaffen und einem Säbel ausgerüstet. Jedes Boot ist mit vier bis sechs leichten Kanonen (Falkonetts) bestückt ... Jeder führt sechs Pfund Pulver und eine ausreichende Menge Blei mit sich, sowie Kanonenkugeln für die Falkonetts und einen Kompass.»

Die Kosaken enterten osmanische Galeeren und raubten sie aus. Mehr als 25 Raubzüge sind überliefert. Die Kosaken suchten die Küsten des Schwarzen Meeres heim, plünderten 1604 Varna, dann Sinope und Kaffa (heute Feodosija), und gelangten in den Jahren 1615 und 1623 bis nach Konstantinopel, dessen Vorstädte sie plünderten und in Brand setzten. Die große osmanische Flotte, die sie 1615 verfolgte, wurde von den Kosaken besiegt und zerstört.

Im Jahre 1637 gelang es den Don- und Dnjeprkosaken, die an der Mündung des Dons in das Schwarze Meer gelegene osmanische Festung Azov, das ehemalige Tana der Venezianer und Genuesen, zu erobern. Diese eigenmächtige Aktion wurde von der Moskauer Regierung missbilligt, und Azov ging fünf Jahre später wieder verloren. Die Eroberung von Azov ist jedoch als Heldentat in die russische Volksüberlieferung eingegangen. Ähnliche Piratenunternehmungen sind vom Kaspischen Meer überliefert, wo Don-, Wolga- und Terekkosaken Schiffe überfielen und persische Küstenstädte plünderten. Obwohl das gesamte Gebiet der Wolga in der Mitte des 16. Jahrhunderts von Russland annektiert worden war, machten kosakische Räuber, wie Zeitgenossen berichten, die Schifffahrt auf der unteren Wolga bis weit ins 17. Jahrhundert hinein zu einem riskanten Unternehmen.

An der Steppengrenze herrschte im 16. und 17. Jahrhundert ein Kräftegleichgewicht zwischen Kosaken und Tataren. Neben Konflikten standen friedliche Interaktionen, etwa Handelsaustausch, zwischen den nomadischen Tataren und den Kaukasiern auf der einen und den Kosaken auf der anderen Seite. Da es unter den Kosaken lange nur wenige Frauen gab, hatten viele sexuelle Beziehungen mit geraubten Tatarinnen. Besonders eng waren die Verbindungen der Terekkosaken zu den kaukasischen Ethnien, deren unmittelbare Nachbarn sie während mehrerer Jahrhunderte waren.

Die Kosaken übernahmen von den Tataren und Kaukasiern Elemente ihrer Kleidung und Haartracht, ihres Habitus, ihrer Waffen, Amtsbezeichnungen, Bräuche und Institutionen. Ein Beispiel dafür ist der *bunčuk*, das von den Tataren übernommene Pferdeschwanzbanner. Die Kosaken kämpften zunächst in Booten und zu Fuß, doch allmählich lernten sie von den Reiternomaden den Umgang mit dem Pferd und deren militärische Taktik, so dass sie später zu gefürchteten und umworbenen Kavalleristen wurden. Die Terekkosaken lernten von den Kaukasiern den Kampf im Gebirge und dessen spezifische Codes. Diese kulturelle Hybridität trug dazu bei, dass sich die Kosaken von der Masse der übrigen Ukrainer und Russen in ihrem äußeren Erscheinungsbild, in manchen Traditionen und in ihrer Identifikation deutlich unterschieden und von Ausländern zum Teil als eigenständiges orientalisches Volk angesehen wurden.

Das von den nationalen und imperialen Historiographien und Volksüberlieferungen gezeichnete Bild des heroischen Abwehrkampfes der christlichen Kosaken gegen die islamischen Tataren und ihrer Kreuzzüge gegen die Türken ist also einseitig. Die Kosakengemeinschaften waren primär auf ihre eigenen In-

Abb. 5 Das Wappen des Zaporožer Heeres

teressen und auf regionale Zusammenhänge ausgerichtet. Sie waren nicht nur offen für russische und ukrainische Flüchtlinge, sondern auch gegenüber der Steppe und dem Osmanischen Reich. Das konnte so weit gehen, dass Kosaken militärische Allianzen mit Krimtataren und Osmanen schlossen und als loyale Untertanen des Sultans lebten.

Dienst- und Registerkosaken

Neben den freien Kosaken begegnen uns in den Quellen seit dem 16. Jahrhundert sogenannte Dienstkosaken. Der französische Söldner Jacques Margeret unterscheidet zu Beginn des 17. Jahrhunderts Stadtkosaken, Kosaken als Wehrbauern mit Grundbesitz an den Grenzen und «die wahren Kosaken an den Flüssen Wolga, Don und Dnjepr in der tatarischen Steppe». Die Kategorien überlappen sich allerdings. Freie Kosaken und Dienstkosaken dienten dem Moskauer Staat und dem Königreich Polen-Litauen als Grenzposten, als Kundschafter und Kuriere an der Steppengrenze, die sich von Podolien in der südwestlichen Ukraine bis in den mittleren Wolgaraum und in das Kaukasus-Vorland und nach Westsibirien erstreckte. Freie Kosaken und Dienstkosaken kämpften als Söldner in russischen und polnischen Heeren gegen die Tataren, das Osmanische und Persische Reich, aber auch in Konflikten zwischen Moskau und Polen-Litauen, Schweden und anderen Mächten. Eine große Streitmacht von möglicherweise bis zu 40 000 Dnjeprkosaken, die unter dem Kommando von Hetman Petro Konaševyč-Sahajdačnyi standen, gab in der Schlacht bei Chotyn im Jahre 1621 den Ausschlag für einen Sieg der Polen über die Osmanen.

Kosaken spielten im Bürgerkrieg, der zu Beginn des 17. Jahrhunderts Russland erschütterte, eine bedeutende Rolle. Ivan Bolotnikov, der Anführer des ersten Volksaufstandes in Russland, war ein Sklave, der zu den Kosaken geflohen war, in der Folge von den Krimtataren gefangen und als Galeerensklave ins Osmanische Reich verkauft worden war. Er wurde befreit, kehrte über Venedig nach Russland zurück und führte im Jahre 1606 eine heterogene, bald mehrere Zehntausende zählende Truppe aus Don-, Dnjepr- und Terekkosaken, niederen Adligen, Stadtbewohnern, Vertretern nichtrussischer Völker, Bauern und Sklaven bis vor Moskau, um den angeblichen Zarensohn Dimitrij als Herrscher einzusetzen. Der Aufstand scheiterte, doch zogen Kosaken noch jahrelang raubend und plündernd durch Russland. Sie werden von ausländischen Zeitgenossen als ein «schlimmes raubrisches Volck» bezeichnet, als zügellose, furchtlose und wilde Soldateska, die Russland terrorisierte.

Im Gegensatz zu den freien Don-, Wolga-, Jaik- und Terekkosaken, die in ihren vorgeschobenen Lagern lebten, leisteten die russischen Dienst- oder Stadtkosaken ihren Dienst in Städten und an befestigten Grenzlinien. Sie wurden besoldet und erhielten ein kleines Grundstück. Sie waren persönlich freie Dienstleute, die keine Abgaben bezahlen mussten und sozial zwischen Bauern und niederem Adel standen. Die russischen Dienstkosaken schufen keine großräumigen Heere, sondern waren direkt von Moskau abhängig.

Polen-Litauen versuchte früh, die Dnjeprkosaken, deren eigenmächtige Aktionen regelmäßig zu diplomatischen Konflikten führten, stärker zu kontrollieren, indem man ihren Dienst reglementierte. In den 1570er Jahren wurde die neue Kategorie der sogenannten Registerkosaken geschaffen. Diese zunächst 300, später bis zu 8 000 Kosaken wurden besoldet und ließen sich in der Regel in den ukrainischen Grenzfestungen nieder. Sie verfügten über eine Selbstverwaltung und Grundbesitz, waren aber der polnischen Verwaltung untergeordnet. Damit erkannte Polen-Litauen die Kosaken als privilegierten Kriegerstand an, wobei die Zahl, die Besoldung und die Privilegien der Registerkosaken immer wieder neu ausgehandelt wurden. Die Registerkosaken unterstanden direkt der polnischen Krone und konnten deshalb kurzfristig mobilisiert werden. Polen versuchte die Registerkosaken von den übrigen Kosaken abzusondern und die egalitäre Ordnung zu hierarchisieren. Tatsächlich verstärkte sich die soziale Differenzierung des Kosakentums: Den Registerkosaken, die in den polnischen Heeren Dienst leisteten und regelmäßige finanzielle Zuwendungen erhielten, standen die immer zahlreicheren nicht registrierten Kosaken an der Steppengrenze gegenüber. Deren wichtigstes Zentrum blieb die Zaporožer Sič jenseits der Dnjepr-Stromschnellen, die dem Zugriff Polen-Litauens weitgehend entzogen war.

Das Heer der Donkosaken blieb ebenfalls außerhalb der Welt der sesshaften Ackerbauern. Sie waren lediglich durch eine immer wieder zu verhandelnde Verpflichtung an die Dynastie und das Imperium gebunden, gemäß der sie Dienst an der Grenze, als Aufklärungstrupps, als Begleitschutz, Späher und in Feldzügen leisteten. Dafür erhielten sie regelmäßige Zuwendungen in Form von Geld, Getreide, Pulver und Munition.

Das Verhältnis Russlands und Polen-Litauens zu den Kosaken war zwiespältig. Einerseits waren die praktisch unabhängigen, militärisch starken und räuberischen Kosakenheere, die den entlaufenen Bauern als Zufluchtsort dienten, ein Unruheherd. Die egalitären Elemente ihrer politischen Organisation waren eine unerwünschte Alternative zur polnischen Adelsherrschaft und zur russischen Autokratie sowie zur sich verfestigenden Leibeigenschaftsordnung. Auch führten eigenmächtige Aktionen der Kosaken immer wieder zu diplomatischen Verwicklungen. In der Regel distanzierten sich die Regierungen von den Aktionen der Kosaken, obwohl sie ihnen finanzielle Unterstützung gewährten. Andererseits waren der polnisch-litauische und der Moskauer Staat angewiesen auf die Militärkraft der kosakischen Söldner ebenso wie auf deren lange Erfahrungen als Grenzwächter und Späher an der Steppengrenze.

Ermak und die Eroberung Sibiriens

Kosaken waren wesentlich an der Ost- und Südexpansion Russlands im 16. bis 18. Jahrhundert beteiligt. Dies gilt besonders für die Eroberung Sibiriens. Der legendäre Wolgakosak Ermak (Jermak) hatte 1582 ohne Auftrag des Zaren einen ersten Feldzug über den Ural angeführt und das Zentrum des tatarischen Chanats Sibir' erobert. Zwar kam Ermak drei Jahre später in Westsibirien ums Leben, doch blieb er im russischen kollektiven Gedächtnis als großer Held und Eroberer präsent. Kleine Abteilungen von Dienstkosaken und anderen Abenteurern waren in der Folge die Schrittmacher der weiteren Eroberung und Erschließung Sibiriens. Als Antrieb dienten in erster Linie wertvolle Pelze wie der Zobel, die von den indigenen Jägern geraubt und später vom Staat als Abgaben erhoben und zum Teil von Kosaken eingetrieben wurden. Den Kosaken kamen in Sibirien ihre Erfahrungen als Bootsfahrer zugute. Die Expansion nach Osten folgte nämlich den großen Flüssen und ihren Nebenflüssen, und innerhalb von weniger als fünfzig Jahren stießen Kosaken vom Ural über 6000 Kilometer bis an den Pazifischen Ozean vor. Der Kosake Vasilij Pojarkov entdeckte 1645 die Insel Sachalin. Der sibirische Dienstkosak Semen Dežnev segelte im Jahre 1648 vom Nördlichen Eismeer um das heute nach ihm benannte Kap zwischen Ostsibirien und Alaska und entdeckte damit, achtzig Jahre vor dem Dänen Vitus Bering, die Beringstraße.

Kosaken dienten im 17. und 18. Jahrhundert an der langen Südgrenze Sibiriens vom Ural bis an den Baikalsee. Sie waren Grenzwächter gegen Einfälle der Kasachen und Mongolen, erfüllten Polizeiaufgaben, gaben Handelskarawanen Begleitschutz und trieben selber Handel. Dafür wurden sie von der Regierung besoldet und mit Nahrungsmitteln versorgt. Zwar begründeten die sibirischen Kosaken keine größeren Heere, doch organisierten sie sich in kleinen Personenverbänden, die egalitäre Traditionen wie die Wahl des Atamans durch einen Ring

Abb. 6 Ermak und seine Kosaken stoßen auf ihren Booten nach Sibirien vor und kämpfen mit tatarischen Streitkräften (Zeichnung 17. Jahrhundert)

(*krug*) bewahrten. Die sibirischen Kosaken waren einerseits Agenten der zarischen Kolonialherrschaft, andererseits bewahrten sie in den Weiten Sibiriens bis ins 18. Jahrhundert hinein eine gewisse Eigenständigkeit, wie sich in häufigen Aufständen gegen die lokalen Behörden zeigte.

Die Kosaken, die sich seit dem späten 15. Jahrhundert an der Steppengrenze im Süden Polen-Litauens und Russlands formierten, wurden im 16. bis 18. Jahrhundert zu einem wichtigen

Faktor der Geschichte Osteuropas. Sie rekrutierten sich in erster Linie aus entlaufenen russischen und ukrainischen Bauern, Dienstleuten und anderen Abenteurern. Sie bildeten eigenständige Gemeinschaften aus freien Kriegern mit einer spezifischen Wirtschaftsweise, Lebensform und egalitären Organisation. Als Grenzwächter, Räuber, Piraten, Söldner, Dienstleute und Eroberer lebten sie in einem riesigen Areal vom unteren Dnjepr bis an den Pazifischen Ozean, zwischen Polen und Russland und ihren südlichen Nachbarn, den Osmanen, Krim- und Nogaitataren, Persien und China.

3. Das Goldene Zeitalter der Dnjeprkosaken

Die Kosaken verkörperten die Ideale der Ungebundenheit und Gleichheit, die im Gegensatz standen zu den gesellschaftlichen Realitäten im östlichen Europa, die von Leibeigenschaft und zunehmendem Druck von Staat und Adel auf die Grundschichten geprägt waren. Die meisten Kosaken waren entlaufene Bauern (oder deren Nachkommen), die sich diesem Druck durch Flucht an die Steppengrenze entzogen hatten. Das «Kosakieren», das Leben als freie Krieger und «edle Räuber» in egalitären Gemeinschaften, übte auf die ukrainischen und russischen Bauern, Städter und niederen Dienstleute eine große Anziehungskraft aus. Die kosakische Freiheit hatte allerdings das Potential, in Gewalt, Zerstörung und Anarchie zu münden. Es überrascht nicht, dass Kosaken Auslöser und Anführer fast aller Volksaufstände im frühneuzeitlichen Osteuropa waren.

Europa wurde seit dem Spätmittelalter von überregionalen Volksaufständen erschüttert, die von West nach Ost phasenverschoben auftraten. Auf die französische Jacquerie und den Aufstand unter Führung Wat Tylers in England im 14. Jahrhundert folgten im 16. Jahrhundert der deutsche Bauernkrieg und ein Bauernaufstand in Ungarn und schließlich im 17. und 18. Jahrhundert Erhebungen in der Ukraine und in Russland. Alle größeren Volksaufstände in Osteuropa gingen von der südlichen Peripherie des polnisch-litauischen und Moskauer Staates aus. Der soziale Protest der leibeigenen Bauern, die die Masse der Bevölkerung in Polen-Litauen und in Russland ausmachten, blieb auf lokale Aktionen begrenzt, die rasch niedergeschlagen wurden. Für überregionale Volksaufstände bedurfte es der militärischen Erfahrung und Schlagkraft, des höheren Organisationsgrades und der Kommunikationsnetze der Kosaken. Man hat die Kosaken gelegentlich dem von Eric Hobsbawm geprägten Typ des «Sozialbanditen» zugeordnet. In der ukrainischen und russischen Folklore werden zwar Kosaken als «edle Räuber» heroisiert, doch waren die Grenzergemeinschaften der Kosaken in der Regel nicht wie Hobsbawms «Sozialbanditen» in bäuerliche Gesellschaften eingebunden.

Die ersten überregionalen Aufstände in Osteuropa gingen von den Dnjeprkosaken aus. In den Jahren 1591 bis 1596 zogen bewaffnete kosakische Verbände von der Steppengrenze aus in die Zentralukraine und sogar bis nach Weißrussland, eroberten eine Reihe befestigter Städte und riefen die Bevölkerung zum Aufstand auf. Der Führer der ersten Erhebung, Kryštof Kosyns'kyj, stammte aus dem ukrainischen Kleinadel, und sein persönliches Motiv für die Rebellion war ein Konflikt mit einem ukrainischen Magnatengeschlecht. Die Anführer der zweiten Erhebung, Severyn Nalyvajko und Hryhorij Loboda (die im Bericht von Lassota erwähnt werden), befehligten kosakische Truppen, die mehrere Feldzüge gegen Osmanen und Krimtataren unternommen hatten, bevor sie sich ebenfalls nach Norden wandten und den Aufstand in die Ukraine trugen. Weite Teile der Bevölkerung, die mit der Ausbreitung der Leibeigenschaft und des Katholizismus unzufrieden waren, schlossen sich den Kosaken vorübergehend an. Polnisch-litauischen Truppen gelang es indessen, die Aufständischen zu besiegen und ihre Anführer zu töten. Die beiden Erhebungen zeigten aber, dass die Ukraine einen Unruheherd darstellte, der von den Dnjeprkosaken in Flammen gesetzt werden konnte.

Der Volksaufstand unter Führung von Bohdan Chmel'nyc'kyj

Während die frühen Aufstände von den freien Kosaken und der Zaporožer Sič ausgegangen waren, übernahmen im zweiten Jahrzehnt des 17. Jahrhunderts die von Polen-Litauen privilegierten und besoldeten Registerkosaken die Initiative. Sie reagierten auf die Bemühungen Polen-Litauens, die Registerkosaken und allgemein das südliche Grenzland stärker zu kontrollieren. Dazu wurden neue Festungen angelegt, und die polnischen

Abb. 7 Hetman Bohdan Chmel'nyc'kyj (zeitgenössisches Porträt)

und polonisierten ukrainischen Adligen dehnten ihren Grundbesitz in der Ukraine aus und verstärkten den Druck auf die dort siedelnden Bauern. Die in der Union von 1595/96 begründete Unierte Kirche, die die Orthodoxen Polen-Litauens in die römisch-katholische Kirche eingliederte, sollte die Ukrainer und Weißrussen enger an Polen-Litauen binden. Die Kirchenunion stieß jedoch auf den Widerstand von Teilen der orthodoxen Geistlichkeit und der Stadtbevölkerung, die sich in Laienbruderschaften organisierte.

Die Geschichte der Dnjeprkosaken erhielt eine neue Qualität dadurch, dass sie sich dieser Anliegen breiterer Bevölkerungsgruppen annahmen. Bisher hatten die Kosaken wenig religiösen Eifer gezeigt und vor allem für ihre eigenen Interessen gekämpft, nun erklärten sie sich zu Beschützern der orthodoxen Bevölkerung Polen-Litauens, die seit der Union von Brest keine eigene Kirchenorganisation mehr besaß. Im Jahre 1615 trat das von Hetman Petro Konaševyč-Sahajdačnyi angeführte Kosakenheer der Kiever orthodoxen Bruderschaft bei, und fünf Jahre später wurde unter tatkräftiger Unterstützung der Kosaken die orthodoxe Kirche in Polen-Litauen mit dem Kiever Metropoliten an der Spitze wiederhergestellt.

Auf neue Versuche der polnischen Regierung, die Zahl der Registerkosaken zu beschränken, antworteten diese in den 1630er Jahren mit zwei Aufständen. Beide wurden niedergeschlagen, dies war jedoch nur der Auftakt für die bedeutendste Erhebung im frühmodernen Osteuropa. Ihr Anführer war Bohdan Chmel'nyc'kyj (1595/96–1657), Sohn eines aus dem Kleinadel stammenden Registerkosaken, der eine Jesuitenschule besucht und dem polnischen König im Heer der Registerkosaken gedient hatte. Er kämpfte gegen die Türken, geriet in Gefangenschaft und wurde zwei Jahre später losgekauft. In der Folge tritt Chmel'nyc'kyj als Heerführer und als Gesandter der Kosaken am polnischen Königshof auf. Der Auslöser für die Rebellion war – wie schon bei Kosyns'kyj – ein privater Konflikt mit polnischen Adligen, die sein Gut beansprucht und geplündert hatten. Auch Rivalitäten um die Gunst einer Dame sollen mitgespielt haben. Chmel'nyc'kyj wurde verhaftet, konnte entkommen und floh in die Sič. Es gelang ihm, die Zaporožer Kosaken für einen neuen Aufstand zu gewinnen, und diese wählten ihn im Januar 1648 zu ihrem Hetman.

Jetzt zeigte sich, dass Chmel'nyc'kyj nicht nur ein erfahrener Heerführer, sondern auch ein geschickter Politiker war. Bevor er größere militärische Aktionen unternahm, schloss er ein Bündnis mit den Krimtataren. Die muslimischen Erzfeinde der Kosaken waren zu diesem Zeitpunkt als Bundesgenossen im Kampf gegen das katholische Polen-Litauen willkommen. Der Erfolg gab Chmel'nyc'kyj recht: Kosakisch-tatarische Armeen brachten im Mai 1648 polnischen Heeren zwei schwere Niederlagen bei. Diese gaben das Signal für einen Volksaufstand in weiten Gebieten der Ukraine. Die ukrainischen leibeigenen Bauern erhoben sich gegen ihre katholischen polnischen oder polonisierten Gutsherren, plünderten deren Güter und töteten die Adligen, die sich nicht rechtzeitig hatten retten können. Die Städter, die orthodoxen Priester und zahlreiche ukrainische Kleinadlige schlossen sich dem Aufstand an. Die polnischen Verwaltungsleute, die katholischen Priester und die Juden, die sich nicht rechtzeitig in Sicherheit brachten, wurden getötet.

Besonders viele Opfer hatten die Juden zu beklagen, die Handel trieben oder als Verwalter, Pächter, Schankwirte und Steuereinzieher im Dienste der polnischen Adligen standen. In den Augen der ukrainischen Kosaken, Bauern und Stadtbewohner waren sie Repräsentanten des verhassten Adels. Dazu kam der auch in der Ukraine virulente christlich-jüdische Antagonismus. Die aufständischen Kosaken und Bauern verübten schreckliche Grausamkeiten auch an Frauen und Kindern und töteten mindestens 20000 Juden. Diese ersten großen Judenmassaker in der Geschichte Osteuropas sind in die jüdische Überlieferung als eine Etappe der Leidensgeschichte und als Vorläufer späterer Verfolgungen eingeschrieben. Die glorreiche Geschichte der ukrainischen Kosaken ist seither mit dem Makel der Judenpogrome behaftet.

Chmel'nyc'kyj zog mit seinem Heer, das sowohl die freien Kosaken der Zaporožer Sič wie die Registerkosaken umfasste, durch weite Teile der Ukraine bis nach Galizien und besiegte im September 1648 eine weitere polnische Streitmacht. Im Gefolge dieses Feldzugs breitete sich der Volksaufstand auf fast die gesamte Ukraine und den Süden Weißrusslands aus. Im Januar 1649 kehrte Chmel'nyc'kyj nach Kiev zurück, wo er von der orthodoxen Geistlichkeit und der städtischen Elite als Held gefeiert wurde. Unter ihrem Einfluss weitete der Hetman, der seine Rebellion aus persönlichen Gründen begonnen und als kosakischer Interessenvertreter fortgesetzt hatte, seine Zielsetzungen erheblich aus. Er erklärte sich zum Verteidiger des orthodoxen Glaubens gegen den Katholizismus und zum Anführer einer proto-nationalen Revolution. Gegenüber Abgesandten des polnischen Königs sagte er:

«Ich werde kämpfen, um das ganze Volk der Rus' [der Ukraine und Weißrusslands] von der polnischen Knechtschaft zu befreien. Erst habe ich gekämpft wegen einer mir selbst zugefügten Ungerechtigkeit – jetzt werde ich für unseren orthodoxen Glauben kämpfen. Das ganze Volk wird mir dabei helfen. Es ist wahr, dass ich nur ein einfacher kleiner Mann bin, aber Gott hat mich auserkoren, unabhängiger Herrscher und Autokrat der Rus' zu sein.»

Der Realpolitiker Chmel'nyc'kyj schloss im August 1649 allerdings einen neuen Vertrag mit dem polnischen König, der den Kosaken erhebliche Konzessionen machte. So wurde die Vertreibung der Polen und Juden aus der Ukraine sanktioniert und ihre Wiederansiedlung untersagt.

Das Hetmanat der Dnjeprkosaken

Der Vertrag gab Chmel'nyc'kyj und den Dnjeprkosaken eine Atempause, die eine politische Konsolidierung ermöglichte. Sie schufen in der Ukraine eine militär-administrative Ordnung nach kosakischem Muster. Der neue Herrschaftsverband wurde offiziell Zaporožer Heer genannt; heute wird er gewöhnlich als Hetmanat bezeichnet. An die Stelle der polnischen Verwaltungsbezirke traten Regimenter und Kompanien, geführt von der Offizierselite, der Staršyna. Der Hetman wurde von einem Generalrat, die Obersten von Regimentsräten gewählt, die sich im Prinzip aus allen Kosaken zusammensetzten. Manchmal stießen auch Vertreter der Städte und der Geistlichkeit dazu. Der Hetman besaß eine große Machtfülle. Ihm unterstand als Regierung der Generalstab mit unterschiedlichen Ämtern. Die Zusammenarbeit mit der orthodoxen Hierarchie, die seine Herrschaft religiös legitimierte, stärkte seine Position wesentlich.

Neben der politischen wurde in der Revolution von 1648 auch die soziale Ordnung der Ukraine umgekrempelt. Die Adligen waren vertrieben, die Bauern wurden von der Leibeigenschaft befreit und zu freien Landbesitzern erklärt. Nachdem die Katholiken und Juden getötet oder vertrieben worden waren, war das Gebiet des Hetmanats nun ein fast ausschließlich orthodoxes Land. Der Chmel'nyc'kyj-Aufstand kann deshalb, so Serhii Plokhy, auch als Religionskrieg im Rahmen der Konfessionalisierung Europas verstanden werden.

Das Hetmanat, das Elemente eines Staates aufwies und gelegentlich als Kosakenstaat bezeichnet wird, übertrug egalitärfreiheitliche Elemente des Kosakenheeres auf ein großes Territorium. Es umfasste die gesamte Ukraine mit Ausnahme der westlichen Gebiete von Galizien, Wolhynien und Podolien. Mittelfristig verloren allerdings die einfachen Kosaken an Bedeutung, und die politische und wirtschaftliche Macht der kosakischen Elite nahm zu. Dazu trug bei, dass sich zahlreiche ukrainische Adlige Chmel'nyc'kyj angeschlossen hatten. Aus dem militärischen Personenverband der Kosaken wurde ein territorialstaatliches Gebilde, dem auch Nichtkosaken angehörten. Dass es ihm gelang, in kurzer Zeit ein de facto unabhängiges politisches Gemeinwesen zu schaffen, sichert Chmel'nyc'kyj einen Ehrenplatz in der ukrainischen Historiographie, die das Hetmanat als frühen Nationalstaat betrachtet. Von Polen und Juden wird Chmel'nyc'kyj dagegen als Zerstörer und Massenmörder erinnert.

Das Hetmanat der Dnjeprkosaken konnte mittelfristig seine Unabhängigkeit gegenüber Polen-Litauen ohne Bundesgenossen nicht behaupten. Als die Allianz mit den Krimtataren in die Brüche gegangen war und sich der Plan eines Bündnisses mit dem Osmanischen Reich zerschlagen hatte, wandten sich die Kosaken an den Moskauer Zaren Aleksej um Protektion. Dieser kam der Bitte nach einigem Zögern nach und «nahm das

Zaporožer Heer unter seine hohe Hand». Im Januar 1654 leisteten die Kosaken einen Schwur auf den Moskauer Herrscher. Die Bevölkerung von Kiev und der anderen Städte der Ukraine schloss sich ihnen an. Im ukrainischen Perejaslav wurden die Bedingungen der Unterwerfung ausgehandelt. Die Selbstverwaltung des Hetmanats blieb erhalten, Moskau garantierte die Rechte und Privilegien der Kosaken und der anderen Bevölkerungsgruppen. Der Hetman wurde weiter von den Kosaken gewählt und behielt seine Befehlsgewalt. In späteren Verhandlungen setzte Russland allerdings durch, dass es zur Kontrolle des Hetmanats einen Statthalter einsetzte und mehrere Garnisonen stationierte. Auch behielt sich Moskau in der äußeren Politik des Hetmanats ein Mitspracherecht vor.

Die Vereinbarung von Perejaslav wurde von den beiden Seiten unterschiedlich ausgelegt. Für den Zaren bedeutete sie die unwiderrufliche Eingliederung des Kosakenheeres und der Ukraine in den Moskauer Staat. Da die Dnjeprkosaken als militärische Kraft gegenüber den Polen und Osmanen benötigt wurden, war Moskau bereit, die Autonomie des Hetmanats (zumindest vorläufig) zu respektieren. Aus der Sicht der Kosaken handelte es sich allerdings nur um ein Beistandsabkommen, ein Protektorat, das wieder gekündigt werden konnte. Diese unterschiedlichen Interpretationen finden sich bis heute in der Historiographie. In Russland wird der Akt von Perejaslav als entscheidende Etappe der «Wiedervereinigung» der Ukraine mit Russland betrachtet und Chmelnyc'kyj als deren Wegbereiter gefeiert. Ukrainische Historiker preisen ihn als Helden der Revolution von 1648 und als Staatsgründer, kritisieren ihn aber dafür, dass er die Unterordnung des Hetmanats unter Russland in die Wege leitete. Auf jeden Fall werfen sie Russland vor, die Vereinbarung von Perejaslav später gebrochen und das Hetmanat widerrechtlich inkorporiert zu haben.

Da Polen seine Ansprüche auf die Ukraine nie aufgegeben hatte, kam es zu einem polnisch-russischen Krieg, in dem die Dnjeprkosaken mitkämpften – nicht nur auf der Seite Russlands, sondern je nach Situation auch auf der Seite Polen-Litauens, des Osmanischen Reiches oder Schwedens. Im Jahre

1667 schlossen Russland und Polen-Litauen einen Waffenstillstand, der 1686 in einem Frieden bestätigt wurde. Das Hetmanat wurde geteilt: Der Westen rechts des Dnjeprs fiel an Polen-Litauen zurück, der Osten am linken Ufer (mit Kiev als Brückenkopf auf der rechten Seite) kam zu Russland. Von den nun zwei Hetmanaten war das zweite mächtiger und konnte seine Autonomie länger bewahren. Polen-Litauen bestätigte zwar zunächst die Rechte und Privilegien der Kosaken ebenfalls. In den Jahren 1668–1676 unternahm der (rechtsufrige) Hetman Petro Dorošenko den Versuch, das unabhängige Hetmanat auf beiden Seiten des Dnjeprs unter osmanischer Protektion wiederzuerrichten. Der Versuch schlug fehl, die Bedeutung des rechtsufrigen Hetmanats ging zurück, und im Jahre 1699 wurde es abgeschafft. Die Zaporožer Sič im Süden blieb de facto unabhängig und diente weiter als Zufluchtsort. Nur hier blieb die egalitäre Ordnung des Kosakenheeres vorerst erhalten.

Die zweite Hälfte des 17. Jahrhunderts war von ständigen Kriegen, Unruhen, Zerstörungen und Wirtschaftskrisen geprägt, so dass zahlreiche Kosaken aus der Dnjepr-Region nach Osten in die von Russland neu erschlossenen Gebiete der sogenannten Sloboda-Ukraine rund um die Festung Charkiv flohen (*sloboda*, ‹Freiheit›, bezog sich auf Siedlungen, die von Abgaben und Dienstleistungen befreit waren). Die Kosaken genossen auch hier Privilegien und hatten eine eigene Militärverwaltung, doch waren sie direkt von Moskau abhängig und wählten keinen Hetman.

Hetman Mazepa und Zar Peter

Das linksufrige Hetmanat erlebte am Ende des 17. und zu Beginn des 18. Jahrhunderts unter Ivan Mazepa (1639–1709) eine letzte Blütezeit. Hetman Mazepa war nicht mehr ein Kosak von altem Schrot und Korn. Er stammte aus dem niederen Adel, hatte in Kiev, Warschau und in Westeuropa eine ausgezeichnete Ausbildung erhalten und dem polnischen König gedient, bevor er in die Ukraine kam und 1687 zum Hetman gewählt wurde.

Er war ein reicher Grundbesitzer, der das Hetmanat mit Hilfe der Staršyna regierte, Kultur und Bildungswesen förderte und zahlreiche Kirchen im Stil des «Kosakenbarocks» bauen ließ. Er arrangierte sich mit Russland und diente mit seinen Kosaken in Feldzügen gegen die Krimtataren und das Osmanische Reich.

Erst in vorgerücktem Alter unternahm Mazepa den Versuch, das Hetmanat aus der Abhängigkeit von Russland herauszulösen. Unter Peter dem Großen (1689–1725) hatte sich der Druck auf das Hetmanat verstärkt, und viele Dnjeprkosaken wurden für die Feldzüge des Nordischen Kriegs, den Bau von Kanälen und der neuen Hauptstadt Petersburg herangezogen. Im Jahre 1703 gelang es Mazepa, im Einvernehmen mit Zar Peter die beiden Teile des Hetmanats unter seiner Herrschaft zu vereinigen. Fünf Jahre später vollzog er den Bruch mit Russland und schloss ein Bündnis mit dem schwedischen König Karl XII., der gegen Peter zu Felde zog. Im Jahre 1709 besiegte das russländische Heer bei Poltava die Schweden und die sie unterstützenden Dnjeprkosaken; Mazepa kam kurz darauf ums Leben. Die Figur des letzten bedeutenden Hetmans der Dnjeprkosaken ist bis heute Gegenstand von heftigen Kontroversen zwischen russischen Historikern, die ihn als Prototyp des Verräters verteufeln, und ukrainischen Historikern, die ihn als nationalen Helden verehren. Gleichzeitig wurde Mazepa zum tragischen Helden von Dichtungen, Dramen und Opern.

Eingliederung des Hetmanats in das Russländische Imperium

Die Schlacht von Poltava war ein Wendepunkt in der Geschichte der Dnjeprkosaken. Zunächst rechneten die russischen Truppen mit den Aufständischen ab, zerstörten die Residenz des Hetmans in Baturyn und die Zaporožer Sič; zahlreiche Kosaken kamen dabei ums Leben. Zar Peter setzte mit Ivan Skoropads'kyj einen neuen Hetman ein und arbeitete mit dem loyal gebliebenen Teil der Staršyna zusammen. Russland verstärkte nun den militärischen, politischen und wirtschaftlichen Druck und mischte sich immer mehr in die inneren Angelegenheiten des

Hetmanats ein. Dessen Selbstverwaltung wurde zusehends abgebaut, die beiden letzten Hetmane de facto von Russland eingesetzt; vorübergehend blieb das Amt unbesetzt.

Unter Katharina der Großen vollzog sich dann der letzte Akt: 1764 wurde das Amt des Hetmans abgeschafft, und in den 1780er Jahren wurde das Kosakenheer aufgelöst und die linksufrige Ukraine ganz in die Verwaltung Russlands eingegliedert. Das Hetmanat, der von Chmel'nyc'kyj geschaffene Kosakenstaat, gehörte damit der Vergangenheit an. Die Kosakenregimenter der Sloboda-Ukraine waren schon 1765 aufgelöst worden. Mit den drei Teilungen Polens (1772, 1793, 1795) wurde auch die rechtsufrige Ukraine, die einst ebenfalls zum Hetmanat gehört hatte, Teil des Russländischen Reiches. Hier hatten sich Reste der Kosaken mit Räuberbanden aus ehemaligen ukrainischen Bauern in der Protestbewegung der Hajdamaken (von türk. *haydamak*, ‹verfolgen›, ‹jagen›, ‹rauben›), zusammengeschlossen. 1768 hatten sie gegen die polnische Herrschaft revoltiert und zahlreiche Polen und Juden getötet. Die Hajdamaken wurden später in der ukrainischen Folklore als «edle Räuber» verklärt und spielen auch im Schaffen des ukrainischen Nationaldichters Ševčenko eine bedeutende Rolle.

Der Prozess der Integration wurde von einem Teil der reicheren Kosaken aktiv gefördert. Die egalitäre soziale Ordnung der Kosaken war schon im Laufe der zweiten Hälfte des 17. Jahrhunderts ausgehöhlt worden. Aus der Oberschicht der Kosakenoffiziere, die durch Vertreter des ukrainischen Kleinadels ergänzt wurde, wurde ein neuer landbesitzender Adel, der die ukrainischen Bauern in seine Abhängigkeit brachte. Diese neue Elite arbeitete mit der russländischen Regierung zusammen, und ihre oberste Schicht wurde 1785 in den imperialen Adel aufgenommen. Parallel damit degradierte man die Bauern des Hetmanats zu Leibeigenen. Damit wurde auch die von Chmel'nyc'kyj und seinen Kosaken durchgeführte soziale Revolution weitgehend rückgängig gemacht und die Sozialstruktur der linksufrigen Ukraine an die Russlands angepasst. Einzig die einfachen freien Kosaken blieben als eigenständige soziale Gruppe erhalten. Sie hatten Kriegsdienst zu leisten und erhielten dafür ein Stück Land zugewiesen. Unter den ukrainischen Kosaken und im partiell russifizierten ukrainischen Adel blieb allerdings auch nach dem Ende des Hetmanats ein Sonderbewusstsein erhalten, an das die ukrainische Nationalbewegung des 19. Jahrhunderts anknüpfen konnte.

Die Kosaken der Zaporožer Sič versuchten im 18. Jahrhundert ihre traditionelle Ordnung und ihre Unabhängigkeit zu behaupten. Allerdings verstärkten sich auch hier die sozialen Konflikte zwischen der Elite und den Zuwanderern. In der zweiten Hälfte des 18. Jahrhunderts waren dann auch die Tage der Sič gezählt: Im Jahre 1775 wurde sie von russischen Truppen zerstört. Die kompromisslose Einstellung Katharinas II. gegenüber den Dnjeprkosaken erhellt aus ihrem Ukas, «die Zaporožer Sič und den von ihr abgeleiteten Kosakennamen abzuschaffen».

Die überlebenden Zaporožer Kosaken, die nicht die Flucht ergriffen hatten, splitterten sich auf: Die größte Gruppe wurde 1788 als Heer der Schwarzmeerkosaken organisiert, im Krieg gegen das Osmanische Reich eingesetzt und kurzfristig als Bug-Kosakenheer am Westufer des Schwarzen Meeres angesiedelt. Wenig später wurden diese ehemaligen Zaporožer Kosaken in das fast unbewohnte Gebiet am rechten Ufer des Flusses Kuban' (im Folgenden Kuban) umgesiedelt, mit der Bewachung der Grenze zum Osmanischen Reich betraut und in Feldzügen Russlands eingesetzt. Die Schwarzmeerkosaken bewahrten einen Teil der Zaporožer Traditionen auch im 19. Jahrhundert, später im Rahmen des neu geschaffenen Kuban-Heeres.

Eine andere Gruppe der Zaporožer Kosaken zog ins Osmanische Reich und ließ sich an der Donaumündung nieder. Im Russisch-türkischen Krieg von 1828–29 liefen sie auf die Seite Russlands über. Ein Teil wurde als Azov-Kosakenheer mit der Bewachung der Nordküste des Azovschen Meeres beauftragt und später in das Kuban-Heer eingegliedert. Andere dienten in Bessarabien im Donau-Kosakenheer, das 1856 in Neurussisches Kosakenheer umbenannt und 1868 aufgelöst wurde. Das Kosakenheer in Bessarabien war ethnisch besonders bunt gemischt und hatte in seinen Reihen neben Ukrainern, Russen, Bulgaren und Rumänen sogar «Zigeuner».

Am Ende des 18. Jahrhunderts waren die Institutionen des Hetmanats zerstört. Seine Oberschicht integrierte sich zusehends in den russischen Adel. Die einfachen Kosaken gingen allmählich in der übergeordneten Standeskategorie der Staatsbauern auf. Damit endeten das «Goldene Zeitalter» der Dnjeprkosaken und das Experiment eines kosakischen Staates. Im absolutistischen, zentralistischen, zur europäischen Großmacht aufgestiegenen Russland war kein Platz für das autonome Hetmanat. Die Dnjeprkosaken waren als Grenzwächter gegenüber den Steppennomaden überflüssig geworden, als Russland dank zweier siegreicher Kriege gegen das Osmanische Reich und der Eroberung des Chanats der Krimtataren über die Steppengrenze ans Schwarze Meer vorstieß. Infolge der Modernisierung der russischen Armee verloren die Kosaken auch als Soldaten an Wert. Nur in den Heeren der von Russland kontrollierten Schwarzmeer- und Kubankosaken blieben Reste des ukrainischen Kosakentums erhalten. Die Dnjeprkosaken und ihr Hetmanat blieben nur als Mythos lebendig, der von der ukrainischen Nationalbewegung im 19. Jahrhundert genährt wurde, ohne dass eine Wiederbelebung des ukrainischen Kosakentums gelungen wäre.

4. Die Donkosaken und die Volksaufstände im 17. und 18. Jahrhundert

Die frühen Gemeinschaften der Dnjepr- und Donkosaken waren unter ähnlichen Bedingungen entstanden und wiesen zahlreiche Übereinstimmungen auf. Allerdings standen die Dnjeprkosaken in enger Verbindung mit einem Gebiet, das seit mehr als zwei Jahrhunderten Bestandteil des polnisch-litauischen Herrschaftsverbandes war, während die Wohnsitze der Donkosaken weit von der Grenze der sesshaften Siedlungen entfernt, direkt an der Grenze zur Steppe und zum Osmanischen Reich, lagen. Unter den Dnjeprkosaken spielten Vertreter des ukrainischen Adels eine nicht unwichtige Rolle. Die Donkosaken waren dagegen zunächst kaum mit dem russischen Adel verbunden, und im Gegensatz zu Chmel'nyc'kyj und Mazepa waren die aus ihren Reihen stammenden Anführer von Volksaufständen einfacher Herkunft.

Freiräume der Donkosaken im 17. Jahrhundert

Die Donkosaken konnten ihre Freiheiten länger behaupten als die Dnjeprkosaken. Sie blieben multiethnische Gemeinschaften, die neben einer ethnisch russischen Mehrheit auch (ukrainische) Zaporožer Kosaken, Tataren, Kalmyken, Tscherkessen und einzelne Türken, Polen und Griechen umfassten. Noch zu Beginn des 18. Jahrhunderts hieß es, dass die Donkosaken «russisch, türkisch und kosakisch [wohl ukrainisch]» sprächen. Auch in ihrer religiösen Ausrichtung waren die Donkosaken offen. Erst im Jahre 1650 wurde die erste Kirche in Čerkassk errichtet, und in den folgenden Jahrzehnten nahmen sie zahlreiche Altgläubige auf, die sich von der orthodoxen Kirche gelöst hatten und deshalb von der Moskauer Regierung verfolgt wurden.

Die Donkosaken standen zwar unter der Souveränität des Zaren, der «dem Ataman, den Kosaken und dem ganzen Don-Heer» seine Freiheiten garantierte und in dessen Diensten sie standen. In der Praxis entzogen sich die Donkosaken aber wie die Zaporožer Sič dem Zugriff des Staates. Sie akzeptierten die Oberhoheit Russlands, ohne dass sie Verträge geschlossen oder Untertaneneide abgelegt hätten. Die lose Abhängigkeit der Donkosaken von Moskau wird dadurch unterstrichen, dass sie im 17. Jahrhundert – wie auch die Dnjeprkosaken des Hetmanats – dem Außenamt (Posol'skij Prikaz) und nicht den für das Innere Russland zuständigen Behörden zugeordnet waren.

Die in der Mitte des 17. Jahrhunderts zum Schutz vor den Tataren errichtete Belgoroder Festungslinie, die die Grenze des staatlich kontrollierten und von sesshaften Bauern besiedelten Raumes in die Randgebiete der Steppe vorschob, war noch immer 150 Kilometer von den nördlichen Stützpunkten der Donkosaken und über 300 Kilometer von ihrem Zentrum Čerkassk entfernt. Die mit Ausnahme der Jahre 1637–1642 und 1696–1711 bis zum Jahr 1736 osmanische Festung Azov lag dagegen nur etwa 100 Kilometer flussabwärts. In Azov handelten die Donkosaken mit türkischen, griechischen und anderen Kaufleuten und tauschten Pelze, gesalzene Fische und Kaviar gegen Textilien, Seide und getrocknete Früchte ein. Auch wenn russische Behörden dies wiederholt forderten, lieferten die Donkosaken Bauern, die im 17. Jahrhundert in großer Zahl an den unteren Don geflohen und in das Kosakenheer aufgenommen worden waren, nicht aus. «Vom Don gibt es keine Auslieferung», hieß die Formel, die sich als Mythos bis ins 20. Jahrhundert halten sollte. Das zahlenmäßig relativ kleine Don-Heer war der Zaporožer Sič am unteren Dnjepr ähnlicher als dem Hetmanat der Dnjeprkosaken.

Der «edle Räuber» Stenka Razin

Die starke Zuwanderung an den unteren Don führte zu einer wirtschaftlichen Krise, da die Beute aus Raubzügen und die staatlichen Zuwendungen für den Unterhalt der großen Zahl

Abb. 8 Stenka Razin, auf der Wolga (Gemälde von Vasilij Surikov, 1906)

von Kosaken nicht mehr ausreichten. Der Donkosak Stepan Razin (1630?-1671) belebte deshalb die Tradition der Raubzüge, zog mit kosakischen Verbänden gegen Krimtataren und Osmanen, unternahm dann mehrere Piratenfahrten auf dem Kaspischen Meer und plünderte an dessen Ufer reiche, zum Iran gehörende Städte wie Baku. Dann kehrte er nach Čerkassk zurück. Ein Gesandter der Moskauer Regierung, die über die eigenmächtigen Aktivitäten Razins beunruhigt war, wurde von einem Ring der Kosaken zum Tode verurteilt und hingerichtet. Razin wählte man zum Ataman einer großen Streitmacht, die in erster Linie aus ärmeren zugewanderten Kosaken bestand. Die Elite des Don-Heeres unter Ataman Kornilo Jakovlev schloss sich Razin nicht an und hielt an der Loyalität zu Russland fest.

Im Frühjahr 1670 stießen Razins Kosaken vom unteren Don aus an die Wolga und weiter flussaufwärts nach Norden vor. Mit sogenannten Lockbriefen rief man die Bevölkerung dazu auf, sich gegen die «verräterischen» Adligen und Verwaltungsleute zu erheben. Der Aufstand richtete sich nicht gegen die Zarenautokratie als solche, sondern gegen deren Vertreter vor Ort, die ihre Macht missbrauchten. Die Kosaken hielten am Glauben «an den guten Zaren» fest. Dies wird dadurch bekräftigt, dass in Razins Heer ein Thronprätendent mitmarschierte, der sich als Sohn des Zaren Aleksej ausgab.

Razins Kosaken nahmen einige Städte wie Astrachan', Caricyn (das heutige Volgograd), Saratov und Samara ein und ermordeten oder vertrieben die dortigen Repräsentanten des Staates. Es gelang, in der Region der Mittleren Wolga zahlreiche Stadtbewohner, niedere Dienstleute (unter ihnen viele Dienstkosaken), nichtrussische Bauern (Tschuwaschen, Mari, Mordwinen und Wolgatataren) und leibeigene russische Bauern zum Aufstand zu bewegen. Zahlreiche adlige Grundbesitzer wurden getötet oder vertrieben und ihre Güter geplündert. In den besetzten Gebieten richteten die Kosaken eine Selbstverwaltung nach kosakischem Vorbild ein, ebenfalls mit einem Ring (*krug*), der Atamane wählte, und anderen militär-administrativen Organen.

Allerdings gelang es Razin nicht, größere Städte wie Simbirsk oder Kazan' einzunehmen und den Aufstand über die Mittlere Wolga-Region hinaus ins Zentrum Russlands zu tragen. Seine Bemühungen, Unterstützung von den Zaporožer Kosaken, Nogaitataren und Kalmyken zu erhalten, blieben ohne Erfolg. Die Rebellen besiegten zwar mehrere Abteilungen von Regierungstruppen, doch schon im Herbst 1670 erlitten sie schwere Niederlagen. Razin zog sich an den Don zurück und versuchte dort die Macht zu ergreifen. Die loyale kosakische Elite nahm ihn jedoch im April 1671 gefangen, verurteilte ihn zum Tode und lieferte ihn an Russland aus. Stepan Razin wurde nach Moskau gebracht und auf dem Roten Platz gevierteilt.

Zwar blieben die Erfolge der Razin-Erhebung regional und zeitlich begrenzt. Dennoch war die Regierung alarmiert, griff hart durch und richtete Tausende seiner Anhänger hin. Im russischen Volk wurde Stenka Razin fortan als «edler Räuber» verehrt, und seine Heldentaten wurden in Volksliedern besungen. Eines von ihnen ist noch heute populär:

Hinter der Insel hervor auf den Strom [die Wolga],
in die weite Welle des Flusses,
schwimmen bemalte Boote mit spitzem Bug.
Auf dem ersten steht Stenka Razin …

Für das Heer der Donkosaken hatte der Razin-Aufstand zunächst keine einschneidenden Folgen. Ein Treueschwur, den sie dem russischen Zaren 1671 erstmals leisteten, hatte wohl, wie Brian Boeck postuliert, lediglich symbolische Bedeutung. Die Stellung der loyalen, wohlhabenden, alteingesessenen Kosaken wurde gestärkt, die der ärmeren Kosaken, der «Nackten», verschlechterte sich. Als die Zuwanderung nicht abbrach, spitzten sich die sozialen und politischen Widersprüche am Don zu. Sie wurden dadurch verstärkt, dass ein beträchtlicher Teil der Zuwanderer Altgläubige waren, die von Kirche und Staat verfolgt wurden. Die Elite grenzte sich immer mehr von «den Russen», wie die bäuerlichen Zuwanderer bezeichnet wurden, ab. Seit dem Ende des 17. Jahrhunderts wurden die «Nackten» nicht mehr zum Kosakenring zugelassen.

Der Bulavin-Aufstand und die Integration der Donkosaken

Russland wurde zu Beginn des 18. Jahrhunderts zur europäischen Großmacht, und Peter der Große machte sich daran, Russland im Inneren umzugestalten, zu systematisieren, zu modernisieren und zu disziplinieren. Folgerichtig ging man nicht nur am Dnjepr, sondern auch am Don zu einer energischen Politik der Integration über, die die unzuverlässigen Kosakenheere kontrollieren, ihre militärischen Fähigkeiten optimal nutzen, die Souveränität des staatlichen Territoriums auf die Kosakenheere ausdehnen und die offenen Steppengrenzen zu geschlossenen Staatsgrenzen machen sollte. Im Jahre 1704 setzte man das Verbot durch, weitere Flüchtlinge in die Kosakengemeinschaft aufzunehmen. Ebenso wie die Dnjeprkosaken wurden die Donkosaken vermehrt zu Dienstleistungen herangezogen. Als die Kosaken ihre Loyalität zum Zaren aufkündigten, ging man zu einer Politik der gewaltsamen Integration über. Dieser Fall trat bei Dnjepr- und Donkosaken gleichzeitig ein, mit dem Abfall des Hetmans Mazepa zum schwedischen Feind im Jahre 1708 und mit dem Aufstand der Donkosaken in den Jahren 1707–1709.

Der Anführer des Aufstandes, Kondratij Bulavin, stammte

aus dem Gebiet der «nackten» Kosaken. Anlass der Erhebung waren Versuche der Regierung, an den Don geflohene Bauern gewaltsam zurückzuholen. Bulavin nahm Verbindungen mit den Dnjeprkosaken auf, doch verhinderte Mazepas Abfall von Russland eine Zusammenarbeit. Im Gegensatz zum Razin-Aufstand kam die von Bulavin angeführte Erhebung kaum über die Grenzregionen an den Unterläufen des Don, des Donec' und der Wolga hinaus. Im Grunde war es ein Bürgerkrieg zwischen den aufständischen «Nackten» und dem loyalen Don-Heer. Bulavin gelang es, mit 7000 Kosaken Čerkassk einzunehmen. Der Ataman des Don-Heeres wurde getötet und Bulavin zum Heeres-Ataman gewählt. Er blieb in Čerkassk, wo er kurz darauf von loyalen Kosaken ergriffen und getötet wurde. Zwar setzten einige kosakische Abteilungen den Aufstand fort, doch wurden sie bald von Regierungstruppen geschlagen.

Die Regierung Peters des Großen reagierte auf die Erhebung mit brutaler Gewalt. Alle Siedlungen der «nackten» Neusiedler, die das Rückgrat der Razin- und Bulavin-Erhebung gebildet hatten, wurden zerstört und die dortigen Kosaken getötet oder vertrieben. Tausende Kosaken fielen dieser «ethnischen Säuberung» zum Opfer, und das Gebiet am oberen Don wurde weitgehend entvölkert. Einige Rebellen flohen an die untere Donau, eine von Ignat Nekrasov angeführte Gruppe ließ sich an dem unter osmanischer Herrschaft stehenden Fluss Kuban nieder.

Der Bulavin-Aufstand diente der russischen Regierung als Anlass, nun das Heer der Donkosaken konsequenter in das Imperium zu integrieren. Wie gegenüber den Dnjeprkosaken verfolgte man eine Politik des «Teile und herrsche»: Russland bestätigte die Freiheiten und Privilegien des von den alteingesessenen Kosaken dominierten Don-Heeres in Čerkassk. Unter deren aktiver Mitwirkung wurde die egalitäre Bruderschaft zu einer geschlossenen, hierarchischen Gemeinschaft transformiert. Die Reihen der Kosaken wurden nicht mehr durch den Zuzug von Flüchtlingen ergänzt, sondern die Zugehörigkeit basierte jetzt auf Erblichkeit – ein Prinzip, das sich erst durchsetzen konnte, als Frauen in größerer Zahl zugelassen wurden. Der Ataman wurde seit 1754 nicht mehr vom Ring der Kosaken gewählt, sondern von Russland eingesetzt. Seine Amtsdauer wie seine Vollmachten waren im Prinzip unbeschränkt. Ataman Daniil Efremov, der von 1738 bis 1753 regierte, versuchte sogar das Amt in seiner Familie zu behalten und setzte seinen Sohn Stepan als Nachfolger ein. Als dieser seine Machtstellung ausbaute, griff die Regierung ein und setzte ihn im Jahre 1772 ab.

Wie schon im 17. Jahrhundert erhielten die Donkosaken regelmäßige Zuwendungen und hatten dafür Militärdienst zu leisten. Alle Donkosaken unterlagen der Wehrpflicht, die nach Meinung von Brian Boeck hier zum ersten Mal in Europa eingeführt wurde. Wir treffen Donkosaken nicht nur als Grenzwächter, sondern auch in Kriegen gegen die Osmanen und Tataren, in Preußen, Polen und im Kaukasus. Dabei kamen viele ums Leben. Als die Regierung Katharinas II. dem Hetmanat der Dnjeprkosaken und der Zaporožer Sič den Garaus machte, konnte das Heer der Donkosaken seine Sonderstellung bewahren. Während die Dnjeprkosaken als politisch unzuverlässig galten und die als Neurussland bezeichnete südliche Ukraine große strategische und ökonomische Bedeutung hatte, stellte das kleine Gebiet am unteren Don keine Gefahr dar. Die Donkosaken standen nun loyal zu Dynastie und Imperium und stellten fortan ein Element der Stabilität dar.

Die Terek- und Jaikkosaken

Die Transformation der freien Kosakengemeinschaften des 16. und 17. Jahrhunderts zu von Russland stärker kontrollierten Heeren im 18. Jahrhundert lässt sich auch bei den Terek- und Jaikkosaken erkennen, über die wir allerdings weniger wissen.

Die Terekkosaken erfuhren im 17. und 18. Jahrhundert wiederholte Neugruppierungen, die mit ihren mehrfachen Aufgaben als Grenzwächter gegen die von Nogaitataren, Kumyken und Kalmyken besiedelte Steppe, gegen die Tschetschenen, Tscherkessen und andere Ethnien in den Bergen des nördlichen Kaukasus und als Grenzposten gegenüber dem Iran am Westufer des Kaspischen Meeres zusammenhingen. Ihre Reihen ergänzten sich immer wieder durch Kosaken aus anderen Regionen, in erster Linie von Don und Wolga. Die Beziehungen mit den Kaukasiern waren von ständigem Kleinkrieg und Raubzügen (mit Geiselnahmen) und gleichzeitig von Handel, Kulturaustausch und Mischehen gekennzeichnet. Lev Tolstoj beschreibt diese Symbiose noch in der Mitte des 19. Jahrhunderts anschaulich. Demnach übernahmen die Kosaken von den Tschetschenen deren Lebensweise, Sitten und Bräuche, ihre Kleider und Waffen, sprachen deren Sprache und teilten deren Freiheitsliebe.

Der Moskauer Staat hatte zwar seit dem 16. Jahrhundert am Terek kleine Forts angelegt, doch treten die Terekkosaken erst seit dem 18. Jahrhundert formell als von Russland abhängige und besoldete Gruppen hervor. Als Russland in den 1760er Jahren im Nordkaukasus eine Festungslinie erbaute, wurden die Terekkosaken zu Akteuren der Expansion Russlands in den Kaukasus, die sich ein Jahrhundert lang hinziehen sollte. Im Gegensatz zu den Kosakenheeren am Rand der Steppe behielten sie also ihre Aufgabe als Grenzwächter. Das trug dazu bei, dass sie die egalitäre kosakische Ordnung mit der Wahl des Atamans bis zum Beginn des 19. Jahrhunderts beibehalten konnten.

Auch die Jaikkosaken, deren Wohnsitze weitab vom Zentrum Russlands am Unterlauf des Jaik (heute Ural) in der Steppe nordöstlich des Kaspischen Meeres lagen, konnten ihre Eigenständigkeit länger bewahren als andere Gemeinschaften. Das Jaik-Heer war im 17. Jahrhundert ein Herd der Unruhe und bot zahlreichen Altgläubigen Zuflucht. Unter Peter dem Großen verstärkte die Regierung auch hier die Kontrolle und nötigte die Jaikkosaken zu mehr Dienstleistungen. Mit dem Ausgreifen Russlands in den Ural rückte das Gebiet der Jaikkosaken stärker in den Vordergrund, und ihnen wurde die Aufgabe übertragen, an einer neuen Befestigungslinie zur Kasachensteppe Dienst zu leisten.

Im Jahre 1735 wurde östlich von Jaickij Gorodok, dem Zentrum der Jaikkosaken, die Festung Orenburg begründet. In den folgenden Jahren schuf man das Orenburger Kosakenheer, das im Jahre 1758 den anderen Kosakenheeren gleichgestellt wurde. Damit wurde erstmals «von oben» ein Kosakenheer etabliert, das nicht auf einer organisch gewachsenen Kosakengemeinschaft aufbaute. Nach diesem Muster wurden in den folgenden Jahrzehnten weitere neue Kosakenheere geschaffen. Seither gab es in Russland zwei Typen kosakischer Gemeinschaften: die seit dem 15. und 16. Jahrhundert bestehenden Heere an Dnjepr, Don, Terek und Jaik (Ural) und die übrigen, von der russländischen Regierung im 18. und 19. Jahrhundert administrativ verordneten, «erfundenen» Heere.

Auch bei den Jaikkosaken verstärkten sich im 18. Jahrhundert die Gegensätze zwischen den einfachen Kosaken und einer Elite, die von der Regierung gestützt wurde. Obwohl mehrere russische Strafexpeditionen an den Jaik gesandt wurden, blieb die Situation explosiv. Zu Beginn des Jahres 1772 töteten russische Soldaten mehr als fünfzig Kosaken. Die aufgebrachten Kosaken überwanden die Truppe und brachten deren Anführer um. Der folgende Aufstand der Jaikkosaken wurde zwar blutig niedergeschlagen, doch im November 1772 tauchte am Jaik ein Mann auf, der zum Anführer des letzten großen Volksaufstandes in Russland wurde.

Die letzte Rebellion: Der Volksaufstand unter Führung von Emeljan Pugačev

Wie Razin und Bulavin war auch der Anführer des größten vormodernen Volksaufstandes in Russland ein Donkosake. Emeljan Pugačev (1742–1775) hatte – wie schon Bolotnikov, Chmel'nyc'kyj und Razin – ein Abenteurerleben geführt. Er hatte sich in Feldzügen Russlands gegen das Osmanische Reich und in Preußen und Polen ausgezeichnet und war in der Folge an kosakischen Unternehmungen beteiligt, die zu seiner mehrmaligen Verhaftung führten. Er verließ das Don-Heer, das jetzt von der Regierung und der Kosakenelite kontrolliert wurde, und zog weiter ostwärts zu den Jaikkosaken.

Pugačev gelang es, die unzufriedenen Jaikkosaken erneut zu einem Aufstand zu motivieren. Er gab sich als Zar Peter III. aus, Enkel Peters des Großen und Gemahl der späteren Kaiserin Katharina, der im Jahre 1762 ermordet worden war. Indem er die

Abb. 9 Emeljan Pugačev in Gefangenschaft (zeitgenössisches Bild)

Legitimität ihrer Regierung in Frage stellte, forderte er Katharina II., die gerade in diesen Jahren den entscheidenden militärischen Schlag gegen das Osmanische Reich führte, direkt heraus. Wie schon Bolotnikov und Razin wandte er sich nicht gegen das Prinzip der Autokratie, sondern errichtete als Kaiser Peter III. eine Art Gegenregierung in Form eines Kriegskollegiums mit entsprechenden Ämtern und Titeln.

Pugačev setzte sich im Herbst 1773 mit den Jaikkosaken von der südöstlichen Steppengrenze aus in Marsch. Bald stießen Vertreter anderer Bevölkerungsgruppen, unter ihnen niedere Dienstleute und Arbeiter der Ural-Bergwerke, zu den aufständischen Kosaken. Für die militärische Schlagkraft wichtig war ihre Verstärkung durch Reiterverbände der nomadischen Baschkiren, Kasachen und Kalmyken. Das Heer der Aufständischen wuchs auf über 20 000 Mann an.

Pugačev erließ im Namen Peters III. Manifeste, in denen er die Ziele des Aufstandes darlegte: Das übergreifende Ziel war die Eroberung ganz Russlands, die Wiedereinsetzung des rechtmäßigen Zaren Peters III. (Pugačevs) und die Abrechnung mit den verräterischen Adligen. Pugačev verkündete die Aufhebung der Leibeigenschaft und die mindestens zeitweilige Befreiung von allen Angaben und Dienstleistungen:

> «Wir belohnen alle früheren Gutsbauern mit Ungebundenheit und Freiheit, dass sie ewig Kosaken seien, und mit dem Besitz ihres Landes, ohne Rekruten stellen und Abgaben leisten zu müssen ... Diejenigen aber, die früher Gutsadlige waren, diese Gegner unserer Regierung, die die Bauern zugrunde gerichtet haben, die soll man alle ergreifen, bestrafen und aufhängen.»

Überall, wo Pugačev und seine Truppe erschienen, schlossen sich ihnen Bauern, Stadtbewohner und besonders viele Nichtrussen an. «Man kann sich gar nicht vorstellen, mit welch blinder Ergebenheit das ganze Volk den Versprechungen des Bösewichts glaubt», wunderte sich ein Zeitgenosse. Die höheren Repräsentanten des Staates und viele Gutsbesitzer wurden getötet, im Ganzen mehr als 2000 Personen.

Wie schon Razin gelang es auch Pugačev nicht, größere Städte dauerhaft zu erobern und den Aufstand über die Region der Mittleren Wolga weiter ins Zentrum Russlands zu tragen. Die Erhebungen blieben lokal beschränkt und brachen, wenn Pugačev mit seinen Kosaken abgezogen war, wieder zusammen. Katharina II. war dennoch alarmiert und entsandte mehrere Heere an die Mittlere Wolga. Zunächst erlitten sie Niederlagen, doch längerfristig waren die Aufständischen den gut ausgerüsteten zarischen Truppen nicht gewachsen. Pugačev wurde besiegt und floh zu den Jaikkosaken. Wie Stepan Razin über ein Jahrhundert zuvor wurde er von den Kosaken verraten und ausgeliefert. Er wurde in einem Käfig nach Moskau gebracht und im Januar 1775 hingerichtet. Die Regierung rechnete brutal mit den Aufständischen ab. Das Heer der Jaikkosaken verlor die letzten Reste an Autonomie, und der Name Jaik (für den Fluss wie für die Kosaken) wurde durch Ural ersetzt, um die Erinnerung an die Aufstände der Jaikkosaken zu löschen. Als Heer der Uralkosaken blieb es aber erhalten.

Die historische Rolle Pugačevs war mit seinem Tod nicht ausgespielt. Für die Herrschenden legte der von ihm angeführte Aufstand den Grund für eine Revolutionsangst der Eliten, die durch die Französische Revolution weiter geschürt wurde. In der russischen Literatur, etwa bei Aleksandr Puškin und Marina Cvetaeva, erscheint er andererseits als positiver Held.

Das Ende der freien Kosaken

Die Bedeutung der Kosaken für die frühneuzeitlichen Volksaufstände in Osteuropa kann nicht hoch genug eingeschätzt werden. Sie waren die Kraft, die militärische Erfolge gegen Regierungstruppen möglich machte. Sie versahen mit ihren Losungen von Freiheit und Gleichheit die Aufständischen mit einer Ideologie, die die Massen begeisterte und teilweise in die Praxis umgesetzt wurde. Nachdem Ivan Bolotnikov in einer Zeit, als die Zentralmacht weitgehend zusammengebrochen war, bis vor Moskau gelangt war, kamen Razin, Bulavin und Pugačev allerdings nicht mehr über die Region der Mittleren Wolga hinaus. Dazu trug bei, dass die Oberschicht der Kosaken mit der Regierung einen modus vivendi aushandelte, der zwar ihre Bewegungsfreiheit einschränkte, aber ihre Privilegien und alten Freiheiten weitgehend garantierte.

Im Gegensatz zu den Erhebungen in Russland hatte der Aufstand der Dnjeprkosaken Erfolg, und es gelang ihnen, die Mehrheit der ukrainischen Bevölkerung hinter sich zu scharen und weite Teile der Ukraine, die während Jahrhunderten Bestandteil

Polen-Litauens gewesen waren, unter ihre Herrschaft zu bringen und mit dem Hetmanat einen territorialen Kosakenstaat zu begründen. Wie lassen sich diese Unterschiede erklären? Zum einen war die zentralistische Autokratie ein stärkerer Gegner als die locker gefügte polnisch-litauische Adelsrepublik. Zweitens waren die Dnjeprkosaken erheblich zahlreicher als die Donkosaken und schon gar als die kleinen Gruppen der Jaik- und Terekkosaken. Grundlegend wichtig für den Erfolg der Dnjeprkosaken war, wie Viktor Brechunenko betont, das Bündnis, das sie mit Teilen des ukrainischen Adels und mit der orthodoxen Geistlichkeit schlossen. Die religiös-protonationale Mobilisierung der ukrainischen Bevölkerung gegen die katholischen Polen war ein entscheidender Erfolgsfaktor. Zwar waren unter den Kosaken und anderen Aufständischen in Russland auch zahlreiche Altgläubige und sogar Muslime, doch in ihrer überwiegenden Mehrheit waren sie orthodoxe Christen wie die russischen Eliten auch.

Der Erfolg der Dnjeprkosaken war gleichzeitig der Grund für ihren Untergang. Ein eigenständiger Herrschaftsverband mit einer vom autokratischen Modell abweichenden politischen und sozialen Ordnung, einer von Moskau weitgehend unabhängigen Elite, die ein proto-nationales ukrainisches Bewusstsein hatte, und einer zahlenmäßig starken Grundschicht von freien Kosaken war für die russländische Regierung erheblich gefährlicher als die zahlenmäßig beschränkten, peripher gelegenen Kosakenheere an Don, Jaik und Terek. Das Hetmanat, das am Schnittpunkt russländischer, polnischer und osmanischer Interessen lag, war außerdem von größerer geostrategischer Bedeutung als die übrigen, peripher gelegenen Kosakenheere. Deshalb wurden die Privilegien und Institutionen der Dnjeprkosaken liquidiert, während sie bei den übrigen Kosakenheeren zwar eingeschränkt, aber nicht abgeschafft wurden. In wenigen Jahrzehnten gelang es hier, die Träger sozialen Protests in Bewahrer der autokratischen Ordnung zu transformieren. Die freien Kosaken blieben nur als Mythos am Leben.

5. Loyale Diener der Zaren: Die Kosakenheere im 19. und frühen 20. Jahrhundert

Am Ende des 18. Jahrhunderts war Russland endgültig zur europäischen Großmacht geworden. Die Grenzen des Imperiums wurden nach Polen und über die Steppengrenze hinaus bis ans Schwarze Meer vorgeschoben, und erste Schritte der Expansion im Kaukasus und in der Kasachensteppe wurden gesetzt. Mit dem Sieg über Napoleon wurde Russland dann die militärische Vormacht auf dem europäischen Kontinent. Im Inneren bestand die autokratische Ordnung fort, deren Stabilität durch das enge Bündnis des Herrschers mit dem Adel garantiert wurde. Ihm wurden die leibeigenen Bauern ausgeliefert. Die strukturellen wirtschaftlichen und soziopolitischen Probleme Russlands kamen erst in der Mitte des 19. Jahrhunderts an die Oberfläche und lösten Reformen aus, die Gesellschaft und Wirtschaft allmählich modernisierten, das Herrschaftssystem aber nicht grundlegend veränderten. Das Auseinanderdriften von Staat und Gesellschaft war eine wichtige Ursache für die anwachsenden oppositionellen Bewegungen, die 1905 in einer Revolution zum Ausbruch kamen und 1917 das Ancien Régime stürzten.

Die einst freien Kosakenheere waren im Laufe des 18. Jahrhunderts einer steigenden Kontrolle unterworfen worden. Nach dem Pugačev-Aufstand wurden die Kosaken als Träger des sozialen Protestes endgültig ausgeschaltet und das seit dem 16. Jahrhundert bestehende Gegenmodell des «Dienstkosaken» durchgesetzt. Das Hetmanat der Dnjeprkosaken und die Zaporožer Sič wurden aufgelöst. Reste der ukrainischen Kosaken dienten im neu geschaffenen Heer der Schwarzmeerkosaken im Kaukasusvorland. Es lag nahe, nun auch die Kosakenheere an Don, Ural und Terek abzuschaffen, um die Erinnerung an die Helden der Volksaufstände und ihre egalitären Bruderschaften zu tilgen.

Abb. 10 Zar Nikolaus II. und sein Sohn Aleksej in Kosakenuniform, umgeben von ihrer Familie und Kosakenoffizieren (1916)

Dies geschah nicht, ganz im Gegenteil wurden im 19. Jahrhundert sogar von oben neue Kosakenheere geschaffen. Die soziopolitische Ordnung und die Funktionen der Kosaken wurden aber tiefgreifend umgestaltet. Die Regierung definierte das Kosakentum neu, vergrößerte es zahlenmäßig, und es gelang ihr, die freien Kosaken zu domestizieren und zu disziplinieren. Aus den Anführern von Volksaufständen wurden gehorsame Diener des Zaren, die nicht nur in den imperialen Kriegen, sondern vermehrt auch zur Niederschlagung von inneren Unruhen eingesetzt wurden. Diese Transformation gelang, indem man die Kosaken zu einem privilegierten Militärstand erklärte, den man eng an die Dynastie band. Der Mythos von Zar und Kosak erhielt seine symbolische Ausformung darin, dass seit 1827 der jeweilige Thronfolger zum «Erhabensten Ataman aller Kosakenheere» ausgerufen wurde. Die Atamane der Kosakenheere trugen seither den Titel eines «ernannten» oder «stellvertretenden» Atamans (*nakaznyj ataman*). Eine Kosakenabteilung diente als Leibgarde des Herrschers in der Hauptstadt.

Elf Kosakenheere vom Don bis an den Ussuri

Zu Beginn des 19. Jahrhunderts waren drei der alten Kosakengemeinschaften erhalten geblieben, die Heere der Don-, Terek- und Uralkosaken (so hießen ab 1775 die Jaikkosaken). Dazu kamen die vom Staat im 18. Jahrhundert ins Leben gerufenen Heere der Orenburg- und Schwarzmeerkosaken. Im Laufe des 19. Jahrhunderts wurden neue Kosakenheere geschaffen, und um 1900 gab es elf Kosakenheere, die einen Gürtel an den südlichen Grenzen Russlands vom Don über den nördlichen Kaukasus, den Ural und Sibirien bis zum Amur und Ussuri bildeten.

Das größte und wichtigste Heer war das Don-Heer, auf dessen Territorium im Jahre 1800 320 000, 1863 630 000 und 1914 1,46 Millionen Kosaken (mit Familienangehörigen) lebten, von denen etwa 170 000 eine militärische Ausbildung genossen hatten. Der Stellenwert des Heeres der Donkosaken wird dadurch unterstrichen, dass es als einziges einer der 89 Verwaltungseinheiten des Imperiums seinen Namen gab: «Gebiet (*oblast'*) des Don-Heeres». Auf dessen Territorium von 256 000 Quadratkilometern stellten die Kosaken allerdings eine Minderheit von 1914 42 Prozent dar, denen etwa zwei Millionen Nichtkosaken, in der Mehrheit Bauern, gegenüberstanden. Der Anteil der Zuwanderer war seit der Bauernbefreiung von 1861 besonders stark gewachsen. Die überwiegende Mehrheit der Donkosaken sprach Russisch, dazu kamen 30 000 mongolischsprachige, mehrheitlich buddhistische Kalmyken. Statt des alten, auf einer Insel des Dons liegenden Zentrums Čerkassk diente seit 1805 das an einem nördlichen Nebenfluss des Dons neu gegründete Novočerkassk als Hauptstadt. Das Don-Heer hatte schon im 18. Jahrhundert seine Funktion als Grenzwächter verloren, und sein Gebiet umfasste seit 1888 mit Rostov am Don sogar eine Großstadt. Dennoch blieb das Heer der Donkosaken bis zum Ende des Imperiums das Modell, nach dem die anderen Kosakenheere ausgerichtet wurden.

Südöstlich des Don-Heeres, zwischen dem Fluss Kuban und dem Azovschen Meer, lag das Territorium der Kubankosaken, mit 1914 mehr als einer Million Kosaken das zweitgrößte Kosakenheer Russlands. Das westliche Vorland des Kaukasus war seit dem frühen 18. Jahrhundert von kleineren Gruppen von altgläubigen Donkosaken unter dem Ataman Ignat Nekrasov erschlossen worden, die dann auf osmanischer Seite gegen Russland kämpften und als kosakische Gemeinschaft in Anatolien bis ins 20. Jahrhundert erhalten blieben. Am Ende des 18. Jahrhunderts wurden die ukrainischen Schwarzmeerkosaken an den Kuban umgesiedelt. Zusammen mit den Terekkosaken, die von 1832 bis 1860 in das neu geschaffene Kaukasuslinien-Kosakenheer eingegliedert waren, hatten sie die Aufgabe der Sicherung der Grenze gegen die nordkaukasischen Bergvölker. Beide Kosakenheere wurden im vierzigjährigen Kaukasuskrieg Russlands eingesetzt, der im Jahre 1864 mit der Unterwerfung der Tschetschenen, Dagestaner, Tscherkessen und anderen Kaukasier endete.

Aus den Schwarzmeerkosaken und anderen kleineren Gruppen wurde im Jahre 1860 das Kuban-Heer mit dem Hauptort Ekaterinodar (seit 1920 Krasnodar) geschaffen. Im selben Jahr wurde im östlichen Kaukasusvorland das Heer der Terekkosaken wiederbelebt. Während die Kubankosaken 1897 zu 57 Prozent aus Ukrainern bestanden, gab es unter den Terekkosaken kleinere Abteilungen aus Osseten, Kabardinern, Kumyken und Angehörigen anderer kaukasischer Ethnien.

Die übrigen acht Kosakenheere waren zahlenmäßig kleiner als das Don- und Kuban-Heer. Die Nachfolge der Wolgakosaken trat das 1817 geschaffene kleine Heer der Astrachan'kosaken an. Die Heere der östlich angrenzenden Ural- und Orenburgkosaken hatten die Aufgabe, an der Eroberung der Kasachensteppe und später des südlichen Mittelasiens mitzuwirken. Unter ihnen waren auch Baschkiren, Kasachen, Kalmyken und (muslimische und getaufte) Tataren. Mehr als die Hälfte der Uralkosaken waren Altgläubige, lehnten also die orthodoxe Kirche ab. Sie hatten einst die Kerntruppe Pugačevs gebildet, und das Ural-Heer blieb im 19. Jahrhundert ein Herd der Unruhe.

An die Tradition der Dienstkosaken Sibiriens knüpften die fünf Kosakenheere des asiatischen Russlands an. Dienstkosaken hatten vom späten 17. bis ins 19. Jahrhundert aktiv an der Eroberung und Erschließung dieses gewaltigen Raumes mitgewirkt. Um die Reihen der Kosaken aufzufüllen, wurden sie durch zugewanderte russische und ukrainische Bauern, entlassene Soldaten, Nichtrussen (Burjäten, Jakuten, Ewenken, Chinesen) und sogar durch Landstreicher und Kriminelle ergänzt. Im Jahre 1808 wurde das Heer der sibirischen Kosaken begründet, die an der langen Steppengrenze zwischen Ural und Baikalsee angesiedelt wurden. Als Russland das südliche Mittelasien eroberte, schuf man 1867 im südlich an Mittelsibirien angrenzenden Siebenstromland (*Semireč'e*) ein eigenes kleines Kosakenheer, das an der Erschließung und Sicherung dieses von kasachischen und kirgisischen Nomaden bewohnten Raumes beteiligt war.

Die drei übrigen Kosakenheere waren mit der Bewachung der Grenze gegenüber den nomadischen Mongolen und dem Chinesischen Kaiserreich betraut. Das größte unter ihnen war das im Jahre 1851 begründete Transbaikal-Kosakenheer mit 1917 260 000 Kosaken, nicht weniger als 14 Prozent von ihnen mongolischsprachige Burjäten. Im Gefolge der Eroberung des Fernostgebiets wurden schließlich entlang der Grenze zu China am Amur (1860) und Ussuri (1889) kleine Kosakenheere begründet. Mit ihren von Flüssen abgeleiteten Namen und ihrem Einsatz in kleinen Flussflotten erinnerten diese beiden jüngsten Heere an die Anfänge der freien Kosaken in den Steppen nördlich des Schwarzen und Kaspischen Meeres, mit denen sie sonst wenig gemeinsam hatten.

Eingliederung in das imperiale Russland

Die Eingliederung der Kosakenheere in die Verwaltung und Sozialordnung des Russländischen Reiches, die schon im 18. Jahrhundert begonnen hatte, wurde im 19. Jahrhundert weiter vorangetrieben. Man systematisierte die uneinheitlichen Verhältnisse bei den einzelnen Kosakenheeren und glich sie aneinander an. Dieser Prozess dauerte mehrere Jahrzehnte, und erst im letzten Viertel des 19. Jahrhunderts gelang es, bei den Kosakenheeren einheitliche Prinzipien durchzusetzen. Für die Kosakenpolitik diente das Don-Heer als Vorbild, zuletzt 1875 im «Reglement über die Militärdienstpflicht». Deshalb soll im Folgenden das Don-Heer im Zentrum stehen. Dabei darf nicht vergessen werden, dass erhebliche soziale und wirtschaftliche Unterschiede zwischen den einzelnen Heeren bestanden.

Zunächst stellte sich die Frage, wie die Kosaken in die ständische Ordnung, die Katharina II. begründet hatte, einzuordnen seien. Angesichts ihrer sozialen Differenzierung hätte man die Kosaken auf die Standesgruppen der Bauern, des Adels, der Geistlichkeit und der Stadtbevölkerung aufteilen können. Man entschied sich aber dafür, die Kosaken als gesonderte Bevölkerungskategorie zu definieren und für sie einen eigenen erblichen Stand (*soslovie*) zu schaffen. Der Stand der Heereskosaken (*vojskovye kazaki*) umfasste alle Kosaken, unabhängig von ihrem sozialen Status und Besitz. Allerdings wurden die Atamane und die höheren Offiziere, deren Ränge an die der russischen Armee angepasst wurden, in den Adel, vom Rang des Obersten an sogar in den erblichen Adelsstand, aufgenommen, ohne dass sie aus dem Kosakenstand ausgeschieden wären. Der Kosakenstand blieb nach außen abgeschlossen, ein Aus- oder Eintritt war kompliziert. Dies trug dazu bei, dass die Mehrheit der Kosaken ihre korporative Identifikation als eigenständige Gruppe bis zum Ende des Zarenreiches beibehielt.

Das wichtigste Kennzeichen des Kosaken-Standes war die obligatorische allgemeine Militärdienstpflicht. Ursprünglich hatten theoretisch alle Kosaken lebenslang, ab 1835 dreißig Jahre zu dienen. Im Gesetz von 1875 wurde festgelegt, dass jeder erwachsene männliche Kosak zwanzig Jahre Militärdienst zu leisten hatte, die ersten drei Jahre in Ausbildung, die nächsten zwölf im aktiven Dienst (davon die ersten vier mobilisiert, die folgenden acht in Bereitschaft für den Kriegsfall) und die letzten fünf Jahre in der Reserve. Im Kriegsfall wurden nicht selten alle Dienstpflichtigen aufgeboten. Die Kosaken waren verpflichtet, ein gesatteltes Pferd, eine Uniform, einen Säbel und eine Lanze bereitzuhalten. Ein Gewehr erhielten sie, wenn sie den Dienst antraten; zu einem Drittel mussten sie es selbst bezahlen.

Um diese Pflichten erfüllen zu können, bedurfte es einer ma-

Abb. 11 Eine Gruppe von Kubankosaken

teriellen Grundlage. Diese bestand nicht mehr in Zuwendungen der Regierung, sondern den Kosaken wurden Grundstücke zugeteilt. Ihre Größe wurde 1835 auf 30 Desjatinen (etwas mehr als 30 Hektar) pro Haushalt festgesetzt, doch schwankte der Anteil, der auch von der Qualität des Bodens abhängig war, von Region zu Region. Die Offiziere erhielten erheblich mehr Grund und Boden. Die einfachen Kosaken mussten sich mit ihrer Familie um das Vieh kümmern und das Ackerland bebauen. Sie standen darin dem Bauernstand nahe. Allerdings hatte die

Viehzucht für die Wirtschaften der Kosaken einen höheren Stellenwert als bei den russischen Bauern. Auch waren ihre Grundstücke erheblich größer, was es den Reicheren erlaubte, Tagelöhner zu beschäftigen und Land zu verpachten. Die Kosaken besaßen im Vergleich mit den zugewanderten Bauern (*inogorodnye*) außerdem pro Kopf ein Vielfaches an Pferden und Rindvieh. Im Unterschied zum Bauernstand mussten die Kosaken auch keine Steuern und Abgaben bezahlen. Wie bei der Mehrheit der russischen Bauern wurde das Land periodisch neu auf die männlichen Mitglieder der einzelnen kosakischen Siedlungen (*stanicy*) aufgeteilt. Für den Kollektivbesitz der Weiden dienten die Reiternomaden als Vorbild, wie der dafür verwendete mongolische Begriff «Jurte» zeigt.

Die Kosaken konnten auch im 19. Jahrhundert Elemente ihrer hergebrachten Ordnung bewahren. Zwar wurde der Heeres-Ataman nun von der Regierung, nicht selten aus den Reihen von Offizieren nichtkosakischer Herkunft, ernannt, und die allgemeinen Heeres-Ringe wurden abgeschafft. Auf der lokalen Ebene der Stanicy verfügten sie aber weiter über eine Selbstverwaltung. Die Stanicy konnten eine oder mehrere Siedlungen umfassen und zählten in der Regel unter 500, in seltenen Fällen mehrere tausend Bewohner. Die Kosaken der Stanicy versammelten sich regelmäßig, um ihre eigenen Atamane (in der Regel für drei Jahre) zu wählen, Recht zu sprechen, Grund und Boden aufzuteilen und andere Entscheidungen zu treffen. Trotz mancher Missbräuche blieben die egalitären Traditionen ein zentraler Bestandteil der kosakischen Identifikation.

Die Kosakenheere unterstanden direkt dem Kriegsministerium. Im Laufe des 19. Jahrhunderts wurde die Territorialisierung der Kosakenheere vorangetrieben, und die Gebiete der Kosaken wurden in die normale Verwaltung eingegliedert. Daraus ergab sich eine doppelte Zuordnung, die sich darin ausdrückte, dass der Heeres-Ataman nun auch die Leitung der entsprechenden zivilen Verwaltungseinheit übernahm.

Wirtschaftliche Probleme

Um ihren Dienstpflichten zu genügen und ihre Familien zu ernähren, waren die Kosaken je nach Region in unterschiedlichen Wirtschaftszweigen tätig. Dies waren zum einen die traditionellen Sparten Fischfang (besonders Störe und Kaviar in den Flüssen Don, Wolga und Ural), Jagd und Bienenzucht. Meist dominierte allerdings die Viehwirtschaft, die den Kosaken, die über relativ viel Grund und Boden und wenige Arbeitskräfte verfügten, entgegenkam. Die Pferdezüchter des Don-, Kuban- und Ural-Heeres waren in ganz Russland bekannt. In der zweiten Hälfte des 19. Jahrhunderts betrieben immer mehr Kosaken Ackerbau, vor allem in den Zuwanderungsgebieten des Don-Heeres, wo das Land knapper wurde. Da die kosakischen Krieger (wie die Reiternomaden) Ackerbau ursprünglich verachteten, ließen die Reicheren ihren Grund und Boden von Bauern oder Tagelöhnern bearbeiten. In den klimatisch begünstigten Gebieten kam der Anbau von Tabak, Wein und Obst hinzu. Handel, Handwerk und Industrie in ihren Siedlungsgebieten befanden sich dagegen überwiegend in der Hand von Nichtkosaken. Nur wenige Kosaken ließen sich in Städten wie Rostov und Taganrog, die in ihrem Siedlungsgebiet lagen, nieder, und noch weniger erwarben sich eine höhere Bildung. An den Grenzen des Kaukasus und der Kasachensteppe standen die Kosaken wie eh und je in wirtschaftlichem Austausch mit Bergvölkern und Nomaden.

Infolge des Wachstums der kosakischen Bevölkerung und der vermehrten Ansiedlung von zugewanderten Bauern auf Kosakenland ging der durchschnittliche Anteil an Grund und Boden in der zweiten Hälfte des 19. Jahrhunderts erheblich zurück. Gleichzeitig stiegen die Kosten für die militärische Ausrüstung, so dass sich viele Kosaken verschuldeten und die Regierung die zum Militärdienst eingezogenen Kosaken finanziell unterstützen musste. Trotz der zunehmenden sozialen Differenzierung und des unterschiedlichen Wohlstands der einzelnen Heere waren die meisten Kosaken immer noch erheblich wohlhabender als die zugewanderten Bauern.

Russische Politiker schlugen seit der Mitte des 19. Jahrhunderts mehrfach vor, den Kosakenstand abzuschaffen. Er sei anachronistisch, habe seinen militärischen Nutzen im Zeitalter moderner Kriege verloren und belaste die Staatsfinanzen zu sehr. Die Zaren ebenso wie die meisten Kosaken stellten sich solchen Plänen entgegen. Das symbolische Kapital des Mythos Zar und Kosak war noch immer nicht verbraucht.

In den Kriegen Russlands

Die knapp drei Millionen Kosaken, die 1897 2,3 Prozent der Gesamtbevölkerung Russlands ausmachten, stellten einen weit überdurchschnittlichen Anteil der Soldaten, nämlich 14 Prozent. Die Kavallerie der russischen Armee bestand sogar zu 50 bis 70 Prozent aus Kosaken, während ihre Infanterie- und Artillerieeinheiten relativ unbedeutend blieben. Ethnisch setzten sich die Kosaken im Jahr 1897 aus 79 Prozent Russen (unter ihnen zahlreiche Altgläubige), 17 Prozent Ukrainern (vor allem im Kuban-Heer), 1,5 Prozent Tataren, je einem Prozent mongolischsprachigen Kalmyken und Burjäten und weiteren kleineren Gruppen zusammen.

Der Krieg war das traditionelle Element der Militärkaste der Kosaken. Kriegsruhm, Tapferkeit, Disziplin, Ausdauer, Schießfertigkeit und Reitkunst (mit der berühmten *džigitovka,* Im-Stehen-Reiten und anderen Kunststücken) waren die Werte, die von Generation zu Generation weitergegeben wurden. Manche dieser Traditionen hatten sie von den Nichtrussen, die sie bekämpften und mit denen sie in ständigen Interaktionen standen, übernommen. Die Kosaken waren lange nicht in die reguläre Armee eingegliedert, sondern als irreguläre Verbände mit Spezialaufgaben wie Aufklärung, Einsatz hinter den feindlichen Linien und Überraschungsschlägen betraut.

Wir treffen kosakische Kavallerieverbände in allen Kriegen des 19. Jahrhunderts. Im «Vaterländischen Krieg» von 1812 kämpften unter dem Kommando des Atamans Matvej Platov nicht weniger als 60 000 Donkosaken in fünfzig Regimentern. Im Siebenjährigen Krieg und in den Napoleonischen Kriegen gelangten Kosaken nach Westeuropa, erschienen 1760 in Berlin, 1799 in Zürich und 1814 in Paris, wo sie mit ihrem «asiatischen» Aussehen (nicht nur der kalmykischen Kosaken), ihren malerischen – erst ab 1835 vereinheitlichten – Uniformen und ihrer «barbarischen» Wildheit Aufsehen erregten. Kosaken nahmen am Feldzug von 1849 gegen das revolutionäre Ungarn teil. Im Krimkrieg wurden nicht weniger als 160 000 Kosaken, in erster Linie vom Don, eingezogen. Mehr als 300 000 Kosaken leisteten schließlich an allen Fronten des Ersten Weltkriegs Dienst.

Die Kosaken übten auch im 19. Jahrhundert weiter ihre traditionelle Funktion als Grenzwächter aus, gegenüber den nordkaukasischen Bergvölkern, den nomadischen Kasachen, Kirgisen und Mongolen und dem Chinesischen Reich. Als Russland im 19. Jahrhundert militärisch über diese Grenzen nach Süden und Osten vorstieß, waren die Kosaken überall beteiligt. Dabei kamen ihnen ihre Ortskenntnisse, ihre langen Erfahrungen im Umgang mit den benachbarten Ethnien und ihre daran angepasste Kampftaktik zugute. Im Kaukasus beteiligten sich die Terek- und Kubankosaken am brutalen Vernichtungskrieg der russischen Armee bis hin zur Vertreibung fast aller Tscherkessen aus ihren Wohngebieten im westlichen Kaukasus, die dann von Kosaken und Bauern besiedelt wurden. Die Erinnerung an die kaukasischen Kosaken und ihre nicht nur kriegerischen Wechselbeziehungen zu den Tschetschenen und Tscherkessen ist in zahlreichen Werken der russischen Literatur eingeschrieben.

Schergen der Autokratie: Die Kosaken als Polizeitruppe

In der zweiten Hälfte des 19. Jahrhunderts waren die Kosaken gezähmt und wurden vermehrt als paramilitärische Truppen herangezogen. Im Gegensatz zu den seit 1874 auf der Grundlage der allgemeinen Wehrpflicht ausgehobenen Bauern und Städtern galt der privilegierte Kriegerstand der Kosaken als zuverlässig. Die Nachkommen der Anführer der Volksaufstände des 17. und 18. Jahrhunderts waren nun an vorderster Front an der Niederschlagung von Aufständen beteiligt.

Schon in den Jahren 1831 und 1863/64 wurden Kosakenregimenter zur Niederschlagung der polnischen Aufstände aufgeboten. Ihren Höhepunkt erreichten diese Einsätze in der Revolution von 1905, als über 120 000 Kosaken aus allen europäischen Heeren mobilisiert wurden. Kosakische Reiter trieben in den Städten Demonstranten und Streikende auseinander, verletzten und töteten viele Menschen. Sie führten Strafexpeditionen gegen rebellische Bauern durch, plünderten Dörfer und brannten sie nieder. Der Ruf «Kosaken» verbreitete Angst und Schrecken. Sporadisch kam es in den Jahren 1905 und 1906 auch unter Kosaken zu Unruhen und sogar zu einigen Meutereien. Diese beschwerten sich über ihren Einsatz im Polizeidienst, der dem kosakischen Kriegerethos widerspreche. An Don und Kuban erhoben sich Stimmen, die die Wiederherstellung der alten kosakischen Freiheiten forderten.

Mit dem Ende der Revolution im Jahre 1907 wurden die Kosakenheere aber erneut zu loyalen Stützen der Autokratie. Das Bild der kosakischen Reiter, die durch die Menge preschten, ihre Riemenpeitschen (*nagajka*) schwangen und auf friedliche Demonstranten einschlugen, blieb lebendig. Die Kosaken galten in der liberalen Öffentlichkeit Russlands und des Auslandes als brutale Schergen des Zarismus. Für konservative Russen waren sie dagegen die treuen Verteidiger der alten Ordnung gegen die revolutionären Kräfte.

In der Revolution von 1917

Im Februar 1917 fegte eine Revolution das alte Regime in wenigen Tagen hinweg. Es überrascht, dass Kosaken am Umsturz in Petrograd (wie St. Petersburg seit 1914 hieß) an vorderster Stelle teilnahmen. Das 1., 4. und 14. Donkosakenregiment weigerten sich, auf Demonstranten zu schießen, und gaben den Anstoß für die Meuterei der Petrograder Garnison, die entscheidend zum raschen Sieg der Revolution beitrug. Eine Szene ist in die kollektive Erinnerung an die Februarrevolution eingegangen: Auf dem Petrograder Nevskij-Prospekt nahm ein Kosakenoffizier von einer Demonstrantin einen Strauß roter Rosen entgegen. Offensichtlich hatte das Zarenregime mindestens bei einem Teil der Kosaken seinen Kredit verspielt.

Nur wenige Kosaken hielten dem alten Regime die Treue. Im Gegenteil nutzten sie die neuen Freiheiten. Die einzelnen Heere beriefen erstmals seit dem 18. Jahrhundert wieder Heeres-Ringe ein, die Atamane, unter ihnen Aleksandr Dutov vom Orenburger, Aleksandr Filimonov vom Kuban- und Aleksej Kaledin vom Don-Heer, wählten und für die Autonomie der Kosakenheere eintraten. Auf zwei Kosakenkongressen wurde die Bildung einer «Union der Kosakenheere» beschlossen. Nachdem sie zunächst mit der liberalen Provisorischen Regierung kooperiert hatten, sympathisierten einige Kosakenführer zunehmend mit konservativen Kräften. Die Gründe dafür lagen zum einen darin, dass in einer demokratischen Republik kein Platz mehr war für eine privilegierte exklusive Sondergruppe. Zum anderen besetzten arme Bauern in der Agrarrevolution, die Russland erschütterte, mit Gewalt Grund und Boden des Adels und anderer reicherer Grundherren, unter ihnen auch wohlhabender Kosaken.

Als Ende August 1917 der Oberbefehlshaber der russischen Armee Lavr Kornilov, der Sohn eines Offiziers aus den Reihen der sibirischen Kosaken, einen bewaffneten Putsch gegen die Provisorische Regierung unternahm, um der im Land herrschenden «Anarchie» ein Ende zu setzen, suchte er die Unterstützung der Kosaken. Zwar hatten Ataman Kaledin und andere kosakische Offiziere Sympathien für Kornilov, zu einem aktiven militärischen Eingreifen kosakischer Verbände kam es aber nicht. Die Atamane mussten Rücksicht nehmen auf die Stimmung unter den kriegsmüden Kosaken, von denen viele den Bolschewiki positiv gegenüberstanden, die als einzige Partei für die sofortige Beendigung des Krieges eintraten. Kornilovs Putsch scheiterte, er wurde verhaftet und begab sich nach seiner Freilassung an den Don, wo er einer der Organisatoren des antibolschewistischen Widerstandes wurde.

Am 25. Oktober 1917 übernahmen die Bolschewiki in einem Staatsstreich die Macht in Petrograd. Der Ministerpräsident der Provisorischen Regierung, Aleksandr Kerenskij, floh und versuchte, Truppen gegen die Bolschewiki zu mobilisieren. Seinem

Aufruf folgten nur einige Kosakeneinheiten unter dem Kommando von Generalmajor Petr Krasnov, einem Donkosaken, der im Ersten Weltkrieg eine Kosakendivision befehligte. Krasnov zog am 26. Oktober von Gatčina, der einstigen Sommerresidenz der Zaren, mit einer zahlenmäßig kleinen, vorwiegend aus Don- und Ussurikosaken bestehenden Truppe gegen Petrograd. Er ereichte am 30. Oktober den Stadtrand, wo er von revolutionären Einheiten zurückgeschlagen wurde. Er zog sich zurück und wurde mit seinem Stab verhaftet, dann auf das Ehrenwort, nicht mehr gegen die Sowjetmacht zu kämpfen, freigelassen. Krasnov zog sich an den Don zurück, wo er im folgenden Jahr eine Hauptrolle im Kampf gegen das Sowjetregime spielen sollte. In dieser Episode, die das Ende der Oktoberrevolution markiert, spielten die Kosaken zwar nicht mehr ihre Rolle als loyale Diener der Zaren, traten aber erneut als «Retter des Vaterlandes» vor der Revolution in Erscheinung.

6. Akteure und Opfer: Die Kosaken in den Katastrophen des 20. Jahrhunderts

Die Bolschewiki, die im Oktober 1917 die Herrschaft über Russland übernommen hatten, standen vor der Aufgabe, diese Macht gegen äußere und innere Feinde zu behaupten. Sie lösten die demokratisch gewählte Konstituierende Versammlung auf, verfolgten ihre politischen Gegner und beendeten das kurze Experiment einer demokratischen russländischen Republik. Dem Kampf mit den gegenrevolutionären Kräften dienten die politische Polizei und die Rote Armee. Russland stieg im März 1918 um den Preis großer Gebietsverluste gegenüber dem Deutschen Reich aus dem Ersten Weltkrieg aus. Die Randgebiete im Westen und Süden (Finnland, die baltischen Staaten, die Ukraine und die südkaukasischen Staaten) erklärten ihre Unabhängigkeit. Die gegenrevolutionären Kräfte sammelten sich an den Peripherien Russlands. Der Bürgerkrieg, in den auch ausländische Mächte eingriffen, sollte mehr als drei Jahre dauern.

Lenin und seine Genossen machten sich daran, auf der Grundlage der marxistischen Ideologie eine neue klassenlose sozialistische Gesellschaft zu errichten, die den Anstoß für die Weltrevolution geben sollte. Sie sanktionierten die Aufteilung von Grund und Boden durch die Bauern, verstaatlichten Industrie und Handel und schafften alle Privilegien und Sonderrechte ab. Für den Kriegerstand der Kosaken und die auf Autonomie drängenden Kosakenheere war kein Platz im kommunistischen Russland, das sich auf die zentralistische Partei und das Industrieproletariat stützte. Dazu kam, dass die Kosaken als treue Diener des Zarismus grundsätzlich dem Lager der Konterrevolution zugerechnet wurden. Die Bolschewiki versuchten zwar nicht ohne Erfolg, die einfachen Kosaken für sich zu gewinnen, doch war der Konflikt mit dem Kosakentum unvermeidbar. Er wurde zu einem wichtigen Element des Bürgerkriegs der Jahre 1918 bis 1921.

Wiederbelebung kosakischer Symbole in der Ukraine in den Jahren 1917–1920

Die Februarrevolution löste nicht nur soziale, sondern auch nationale Bewegungen der nichtrussischen Völker Russlands aus. In der Ukraine, deren Sprache und Kultur im Zarenreich unterdrückt worden waren, erhoben Vertreter unterschiedlicher gesellschaftlicher Gruppen die Forderung nach nationaler Autonomie. Sie griffen dabei auf kosakische Symbole zurück und nannten die im März 1917 in Kiev begründete nationale Körperschaft nach dem Vorbild des Kosakenrings «Ukrainische Zentralrada». In ihrem 4. Universal (auch dieser Begriff war schon im Hetmanat gebräuchlich) erklärte die Zentralrada, die von den Bolschewiki und den vorrückenden deutschen Truppen bedroht wurde, im Januar 1918 die Unabhängigkeit der Ukrainischen Volksrepublik. Kurz darauf besetzten die Mittelmächte die Ukraine und lösten die Zentralrade auf.

Sie setzten eine neue Regierung ein, die ebenfalls an das Hetmanat der Dnjeprkosaken anknüpfte, indem der aus einem alten Kosakengeschlecht stammende Pavlo Skoropads'kyj zum «Hetman der ganzen Ukraine» proklamiert wurde. Der konservative Hetman fand in der breiten Bevölkerung wenig Unterstützung, und das Hetmanat brach mit dem Abzug der deutschen und österreichischen Truppen zusammen. An seine Stelle trat im November 1918 erneut die Ukrainische Volksrepublik mit einer «Direktorium» genannten Regierung. Während dieser Begriff auf das revolutionäre Frankreich anspielte, wurden Truppenkommandeure nach kosakischem Brauch als Atamane (ukrainisch Otamane) bezeichnet, und Symon Petljura, der starke Mann im Direktorium, ließ sich zum «Obersten Otaman» ausrufen. An die Zaporožer Sič knüpften die Sič-Schützen an, die im Ersten Weltkrieg auf österreichisch-ungarischer Seite gekämpft hatten und jetzt in die Truppen der Ukrainischen Volksrepublik eingegliedert wurden.

Abb. 12 Hetman Pavlo Skoropads'kyj 1918 bei Kaiser Wilhelm II.

Orientierten sich die Regierungen am Kosaken-Hetmanat des 17. Jahrhunderts, folgten ukrainische Bauern und ihre Anführer dem Vorbild der freien, zügellosen Kosaken Sie bildeten im Chaos des Bürgerkrieges und der Agrarrevolution bewaffnete Gruppen, die von selbsternannten Otamanen angeführt wurden und raubend, plündernd und mordend durch die Ukraine zogen. Unter ihnen waren mehrere größere, einige tausend Mann zählende Verbände. Einer wurde von Nykyfor (Matvïj) Hryhorïїv, einem ehemaligen Beamten und Offizier, ein anderer von Ananij Volynec' und ein dritter vom ehemaligen Volksschullehrer Danylo Zelenyj befehligt. Die Otamane und die von ihnen angeführten ukrainischen Bauern kämpften abwechselnd auf Seiten des Direktoriums und der Bolschewiki, vor allem aber für die partikularen Interessen ihrer Anhänger. Mit ihnen konkurrierte der Bauernanarchist Nestor Machno, der ebenfalls mehrfach die Fronten wechselte und in der Südukraine eine Bauernrepublik errichtete.

Militärische Abteilungen der Volksrepublik und die von Otamanen angeführten Banden kosakisierender Bauern waren neben den russischen «Weißen» zu einem bedeutenden Teil verantwortlich für die schrecklichen Pogrome, die in den Jahren 1919 und 1920 zwischen 30 000 und 50 000 ukrainischen Juden das Leben kosteten. Das Direktorium unter Petljura distanzierte sich zwar von den Pogromen, doch kontrollierte es nicht einmal seine eigenen Truppen, geschweige denn die lokalen Otamane, und war nicht in der Lage, die Gewalttaten zu unterbinden. Nachdem der Versuch der Dnjeprkosaken, im 17. Jahrhundert einen ukrainischen Staat zu errichten, von schrecklichen Gewalttaten gegen die jüdische Bevölkerung der Ukraine begleitet gewesen war, wurden nun auch die Ukrainische Volksrepublik und die ukrainischen Otamane mit dem Makel der Judenpogrome belastet. Dieser Schatten liegt bis heute auf der Geschichte der ukrainischen Kosaken.

Die Ukrainische Volksrepublik wurde zwischen den konkurrierenden Kräften des Bürgerkrieges zerrieben, und die Ukraine wurde von der Roten Armee erobert. Damit endeten die Versuche einer (zumindest äußerlichen) Wiederbelebung des ukrainischen Kosakentums. An eine Renaissance des Heeres der Dnjeprkosaken oder der Zaporožer Sič, die am Ende des 18. Jahrhunderts aufgelöst worden waren, war im 20. Jahrhundert nicht mehr zu denken.

Die Kosaken im russischen Bürgerkrieg

Der Bürgerkrieg, der Russland von Ende 1917 bis Ende 1920 erschütterte, gehört zu den großen Katastrophen des 20. Jahrhunderts. Er forderte gewaltige Menschenopfer – die Schätzungen gehen bis zu acht Millionen Toten – und schuf ein Klima der Gewalt, das die sowjetische Geschichte weiter prägen sollte. Die Ereignisse des Bürgerkriegs ebenso wie die involvierten Kräfte sind außerordentlich kompliziert. In mehreren Regionen wechselte sich die Herrschaft der bolschewistischen «Roten» und der gegenrevolutionären «Weißen» mehrfach ab.

Die militärisch erfahrenen Kosaken, an ihrer Spitze die Donkosaken, spielten im Bürgerkrieg eine bedeutende Rolle und traten damit zum letzten Mal als selbständige historische Akteure in Erscheinung. Nicht überraschend stellten sie sich überwiegend auf die Seite der gegenrevolutionären Weißen, die den Sturz des Sowjetregimes zum Ziele hatten. Gleichzeitig verfolgten die Kosaken ihre partikularen Interessen, die auf die Erhaltung ihres Sonderstatus und die möglichst weitgehende Autonomie ihrer Gebiete gerichtet waren. Ein bedeutender Teil der nichtkosakischen Bevölkerung der Heeresgebiete, vor allem die landhungrigen Bauern, und eine Minderheit der Kosaken arbeiteten mit der Sowjetmacht zusammen, von der sie sich eine Verbesserung ihrer wirtschaftlichen Lage erhofften.

Die beiden wichtigsten Schauplätze des Bürgerkriegs waren der Osten Russlands, die Region von der Wolga über den Ural bis nach Sibirien, und der Süden. Es gelang den gegenrevolutionären Kräften nicht, einen gemeinsamen, koordinierten militärischen Schlag gegen die Bolschewiki zu führen. Die Kosaken des Don-, Kuban- und Terek-Heeres spielten im Süden eine tragende Rolle, während die Kosaken auf dem östlichen Schauplatz lediglich Nebenrollen spielten. Hier traten die Orenburger Kosaken unter Ataman Dutov schon früh als antibolschewistische Kraft hervor, doch gelang es ihnen nicht, mit den benachbarten Uralkosaken ein dauerhaftes Bündnis einzugehen. Diese verbündeten sich vorübergehend mit nationalen Kräften der kasachischen Nationalbewegung; sie wurden später mit ihrer

Region in die Kasachische Sowjetrepublik eingegliedert. Zahlreiche Kosaken des Orenburger und sibirischen Heeres schlossen sich dem «obersten Regenten Russlands» Admiral Aleksandr Kolčak an, der im März 1919 mit über 100 000 Mann vom sibirischen Omsk aus gegen das Sowjetregime zu Felde zog. Kolčak scheiterte und zog sich nach einer letzten, von der Kavallerie der sibirischen Kosaken getragenen Offensive immer weiter nach Sibirien zurück; im Februar 1920 wurde er erschossen. Sowjetische Truppen besetzten die Gebiete der Ural-, Orenburg- und sibirischen Kosaken.

Kolčak übergab seine Macht formell an den Transbaikalkosaken Grigorij Semenov (1890–1946). Dieser hatte mit Hilfe japanischer Interventionstruppen schon im Sommer 1918 weite Teile Ostsibiriens unter Kontrolle gebracht und sich in Čita zum Ataman des Transbaikal-Heeres proklamiert. Gemeinsam mit anderen Abenteurern wie dem Ataman der Ussurikosaken Ivan Kalmykov und dem Deutschbalten Baron Roman von Ungern-Sternberg errichtete er ein Terrorregime, das fast drei Jahre Bestand hatte. Plündernd, vergewaltigend und mordend zogen Banden von Kosaken (oder sich als Kosaken ausgebende Räuber) durch das Land und setzten die Bevölkerung Ostsibiriens und des Fernostgebiets in Angst und Schrecken. Die sogenannte Atamanščina Semenovs und seiner Kumpane ist eines der düstersten Kapitel des Bürgerkriegs. Semenov flüchtete 1921 nach China, wo er unter anderem für den japanischen Geheimdienst und als Leibwächter des ehemaligen chinesischen Kaisers tätig war. Am Ende des Zweiten Weltkriegs wurde er von sowjetischen Truppen in der Mandschurei gefangen genommen und 1946 in Moskau gehängt.

Das Gebiet der Donkosaken wurde nach der Oktoberrevolution zu einem Sammelbecken der antibolschewistischen weißen Kräfte. Ataman Kaledin versuchte den kosakischen Widerstand zu organisieren, doch folgte ihm die Mehrheit der kriegsmüden Kosaken nicht, und im Januar 1918 beging er Selbstmord. In Novočerkassk begründeten ehemalige Generäle der Zarenarmee, unter ihnen Lavr Kornilov, Ende 1917 eine Freiwilligenarmee, deren Stunde allerdings erst später schlug. Schon bald eroberte die Rote Armee nämlich die Gebiete des Don-Heeres (wie auch der meisten anderen Kosakenheere) und errichtete im März 1918 eine kurzlebige Sowjetische Don-Republik.

Seit Frühjahr 1918 erhoben sich immer mehr Kosaken gegen die Herrschaft der Sowjets, die sich mit Zwangsrequisitionen von Getreide auch bei vielen ärmeren Kosaken unbeliebt gemacht hatten. Mit Hilfe deutscher Truppen, die im Mai Rostov besetzten, eroberten die Kosaken das Don-Gebiet zurück. In Novočerkassk wählte ein «Ring für die Rettung des Don» im Mai 1918 den deutschfreundlichen Generalmajor Petr Krasnov (1869–1947) zum Ataman. Krasnov, der im Herbst 1917, wie erwähnt, mit einer Abteilung von Kosaken erfolglos gegen die Bolschewiki zu Felde gezogen war, stammte aus einer alten Familie der Donkosaken-Oberschicht und orientierte sich an der heroischen Vergangenheit der Kosaken. Es wurde ein unabhängiger Staat ausgerufen, der mit dem alten Namen «All-Großes Don-Heer» bezeichnet und mit Symbolen wie Wappen, Siegel und einer Nationalhymne ausgestattet wurde.

Die nichtkosakische Bevölkerung, von der große Teile mit der Sowjetmacht zusammengearbeitet hatten, wurde nun gewaltsamen Repressalien ausgesetzt. Zwischen Mai 1918 und Februar 1919 wurden nicht weniger als 25 000 Todesurteile gefällt, von denen die Mehrheit auch vollstreckt wurde. Krasnov charakterisierte im Jahre 1922 rückblickend die Situation folgendermaßen:

> «Zu dieser Zeit war der Don in zwei Lager gespalten, Kosaken und Bauern. Die Bauern waren mit wenigen Ausnahmen Bolschewiki. Wo bäuerliche Siedlungen waren, hörten die Aufstände gegen die Kosaken nicht auf. Der Krieg mit den Bolschewiki am Don hatte nicht den Charakter eines politischen Kampfes oder Klassenkampfes, nicht eines Bürgerkriegs, sondern eher den eines Krieges der Völker, eines nationalen Kriegs. Die Kosaken verteidigten ihre Kosakenrechte gegen die Russen.»

Krasnov mobilisierte eine Streitmacht, die im Herbst 1918 an die untere Wolga marschierte, doch trotz dreimaliger Belagerung die Stadt Caricyn nicht einnehmen konnte. Dass die Sowjets die Stadt halten konnten, verdankten sie auch Josef Stalin,

Abb. 13 Petr Krasnov, Ataman der Donkosaken in den Jahren 1918/19

der damals Kommissar in Caricyn war. Caricyn wurde deshalb sieben Jahre später zu seinen Ehren in Stalingrad umbenannt.

Am Kuban riefen wie am Don sowohl die Sowjets wie die Kosaken eine Volksrepublik aus. Die Kubankosaken nahmen mehrfach Verbindung mit der Ukrainischen Volksrepublik und dem Hetmanat auf. Sogar die Vereinigung des mehrheitlich aus Ukrainern bestehenden Kuban-Heeres mit dem ukrainischen Staat wurde diskutiert. Der größte Teil der Kuban-Region wurde darauf zunächst von der Roten Armee und dann von den Weißen erobert.

Nach dem Abzug der deutschen Truppen kam es im Süden Russlands zu einer Neugruppierung der Kräfte. Schon im Sommer 1918 hatte die jetzt vom ehemaligen zarischen General Anton Denikin befehligte Freiwilligenarmee die Kuban-Region erobert. Sie besetzte in den folgenden Monaten den ganzen Nordkaukasus, wo sich ihr die meisten Terekkosaken anschlossen, die in bewaffnete Konflikte mit den Tschetschenen und anderen Kaukasusvölkern verwickelt waren. Die Freiwilligenarmee wurde von Frankreich und Großbritannien unterstützt, die

Truppen nach Südrussland geschickt hatten, um den Weißen in ihrem Kampf gegen die Sowjetmacht zu helfen. Die Don- und Kubankosaken ordneten sich Anfang 1919 Denikin unter, was zur Ablösung des deutschfreundlichen Krasnov als Ataman der Donkosaken führte. Zu Beginn des Jahres 1919 wurden weite Gebiete des Don-Heeres erneut von den Sowjets besetzt, die mit Terrormaßnahmen gegen viele Kosaken vorgingen.

Trotz der Koalition war das Verhältnis der einzelnen Kosakenheere zur Freiwilligenarmee nicht ungetrübt. Die Kuban- und Donkosaken betonten die Eigenständigkeit ihrer Heere, in denen sie staatliche Strukturen aufzubauen begannen. Denikin strebte dagegen die Wiederherstellung des zentralistischen «einen und unteilbaren Russlands» an, in dem kein Platz für autonome Kosakenheere war. Die Kosaken hielten Denikin ihre traditionellen egalitären Prinzipien entgegen. Das Bekenntnis der Kuban- und Donkosaken zur Demokratie machte allerdings halt vor den zugewanderten Bauern, deren Wünsche nicht berücksichtigt und die weiter diskriminiert wurden. Trotz der Meinungsverschiedenheiten beteiligten sich Don- und Kubankosaken an den Feldzügen, die Denikins «Streitkräfte Südrusslands» im Sommer und Herbst 1919 in die Ukraine und nach Zentralrussland unternahmen. Sie machten zahlenmäßig sogar über die Hälfte von Denikins Streitmacht aus. Generäle wie der Kubankosake Andrij Škuro und der Donkosake Konstantin Mamontov zeichneten sich als wagemutige Heerführer besonders aus.

Gleichzeitig marschierten von Baron Petr Wrangel befehligte, vor allem aus Kuban-, Terek- und Astrachan'kosaken bestehende Kavallerieverbände an die Wolga, wo sie im Juni 1919 Caricyn eroberten. Sie nahmen Kontakt mit den antibolschewistischen Uralkosaken auf, doch kam es zu keiner dauerhaften Vereinigung der Kosaken des Südens mit denen des Ostens. Im Spätherbst 1919 übernahm die Rote Armee die Initiative und drängte die weißen Truppen an allen Fronten bis ans Schwarze Meer zurück. Die «Streitkräfte Südrusslands» wurden aufgelöst, und Denikin ging ins Exil. Damit war die Entscheidung im Bürgerkrieg gefallen, und die Rote Armee eroberte im Jahr

1920 alle Gebiete der europäischen Kosakenheere und brachte bald auch Sibirien unter ihre Kontrolle.

Zwar stand die Mehrheit der Kosaken auf der Seite der Weißen, doch gab es von Anfang an Gruppen, die sich in den Dienst der Sowjetmacht stellten. Nach der Oktoberrevolution hatten die Bolschewiki einigen Kredit, den sie allerdings bei der Mehrheit der Kosaken durch ihre Gewaltpolitik wieder verspielten. Die Kosaken antworteten mit Gewalt gegenüber der nichtkosakischen Bevölkerung. Zahlreiche Bauern und Stadtbewohner der Heeresgebiete stellten sich deshalb erneut auf die Seite der Bolschewiki. Ihnen schlossen sich einfache Kosaken an, die in der Roten Armee kämpften. Am bekanntesten wurde die 1. Reiterarmee unter dem Kommando von Semen Budennyj (1883–1970), der allerdings kein Kosak war, sondern von armen, ins Dongebiet eingewanderten Bauern abstammte. Er hatte im Ersten Weltkrieg als Dragoner gedient und baute seit 1918 eine Truppe aus berittenen Donkosaken auf. Budennyjs Reiterarmee trug zur endgültigen Niederlage von Denikins kosakischen Kavallerieverbänden wesentlich bei. Ihr Feldzug nach Polen im Jahre 1920 hat in Isaak Babels *Die Reiterarmee* seinen literarischen Niederschlag gefunden.

Die Beteiligung der Kosaken am russischen Bürgerkrieg war also komplexer, als in der Historiographie oft dargestellt, wo sie als «Bollwerk des Monarchismus» oder (mit Lenin) als «russische Vendée» bezeichnet worden sind. Das Schwanken der Kosaken zwischen Weiß und Rot verkörpern Grigorij Melechov, die Hauptfigur in Michail Šolochovs Roman *Der stille Don*, und seine Familie. Zwar nahm die Mehrheit der Kosaken für die Weißen Stellung, doch ging es ihnen in erster Linie darum, ihren Sonderstatus und ihre Eigenständigkeit zu behaupten. Der lange, von 1914 bis 1920 andauernde Krieg und die Eskalation der Gewalt hatten einen ungeheuren Aderlass der männlichen kosakischen Bevölkerung zur Folge. Für das Don- und Uralheer gehen die Schätzungen der Verluste bis über fünfzig Prozent.

Im Grund hatten weder die Weißen noch die Roten Verständnis für die Anliegen der Kosaken. Beide setzten auf ein zentralis-

Abb. 14 «Entkosakisierung» 1919 (Gemälde von Dmitrij Šmarin, 1995)

tisches autoritäres Regime, in dem für korporative Sonderrechte und regionalistische Kräfte kein Platz war. Die Kosaken waren im Zeitalter der Revolution zu Beginn des 20. Jahrhunderts ein Anachronismus geworden und wurden zwischen den Bürgerkriegsfronten aufgerieben. Ihr Engagement auf der Seite der Weißen wurde von den siegreichen Sowjets mit brutalem Terror bestraft, der den Kosaken das Genick brechen sollte.

Zwischen 60 000 und 80 000 Kosaken gelang es, Sowjetrussland rechtzeitig zu verlassen. Die größte Zahl von Don-, Astrachan'-, Kuban- und Terekkosaken emigrierte mit den Resten der Freiwilligenarmee unter General Wrangel. Nach Zwangsaufenthalten in Internierungslagern in der Türkei und in Griechenland kehrten etwa 18 000 von ihnen nach Russland zurück. Die Mehrzahl ließ sich in Bulgarien, Jugoslawien und der Tschechoslowakei nieder. Kleinere Gruppen gingen nach Deutschland, Österreich, Frankreich, Polen und Rumänien, nach Ägypten, Südamerika und Australien. Zahlreiche Kosaken des Transbaikal-Heeres und der anderen östlichen Heere suchten Zuflucht in China. In der Emigration versuchten sie die Traditionen des Kosakentums aufrechtzuerhalten, begründeten Vereine und verfassten historische Werke, in denen sie das Kosakentum heroisierten und die Idee eines «Kosakia» genannten Staates verbreiteten. Andere gründeten Chöre und Reiterkunstgruppen und begründeten die Tradition der kosakischen Folklore in Westeuropa. Der von Serge Jaroff im Jahre 1921 ins Leben gerufene Donkosaken-Chor trat über mehrere Jahrzehnte in ganz Europa auf und trug zur Verbreitung eines romantischen Kosakenbildes bei.

«Entkosakisierung»: Der sowjetische Massenterror

Der Verlauf des Bürgerkriegs bestärkte in der sowjetischen Führung die Überzeugung, dass die Kosaken nicht nur ein anachronistisches Überbleibsel der ständischen Ordnung, sondern erbitterte Feinde der Sowjetmacht seien und deshalb eliminiert werden müssten. Schon im Januar 1919 dekretierte das Organisationsbüro der Kommunistischen Partei eine Politik der «Entkosakisierung»:

> «Gestützt auf die Erfahrung des Bürgerkriegs mit den Kosaken, ist es das einzig Richtige, mit der ganzen Elite der Kosaken einen schonungslosen Kampf bis zu ihrer vollständigen Liquidierung zu führen. Es können keine Kompromisse oder Halbherzigkeiten akzeptiert werden. Deshalb soll schonungsloser Massenterror die reichen Kosaken ebenso wie diejenigen, die sich gegen die Sowjetmacht gestellt haben, bis zum letzten Mann ausrotten.»

Die Befehle zur «Entkosakisierung» wurden sogleich umgesetzt. Revolutionäre Tribunale wählten willkürlich die zu Verurteilenden aus, und mehr als 10 000 Don-, Kuban-, Orenburg- und Uralkosaken, unter ihnen Frauen und Kinder, wurden bis Mitte 1919 erschossen. Zwar übten auch die antibolschewistischen Kosaken exzessive Gewalt aus. Sie drangsalierten die Bauern ihrer Regionen und töteten, wie erwähnt, in den Jahren 1918 und 1919 mindestens 20 000 wirkliche und vermeintliche Gegner. Die sowjetische «Entkosakisierung» hatte aber, wie Peter Holquist meint, eine neue Qualität, indem sie eine Bevölkerungsgruppe systematischem Terror unterwarf, um ihr Gebiet vollständig zu sowjetisieren. In der Politik der «Entkosakisierung» nahmen die Bolschewiki die «Liquidierung des Kulakentums als Klasse» vorweg, die zehn Jahre später im gesamtsowjetischen Maßstab durchgeführt wurde.

Als die Rote Armee im Jahr 1921 die Gebiete der Kosakenheere endgültig eroberte, wurde die Politik der physischen Eliminierung der Kosaken nicht fortgesetzt. Man ging aber daran, das Kosakentum als eigenständige politische, soziale und kulturelle Kraft zu zerstören. Während man nun den Nationalitäten Konzessionen machte, wurden die Kosaken nicht als eigenständige ethnische Gemeinschaft anerkannt, und sie erhielten keine eigenen Territorien und Institutionen wie die Nichtrussen in den damals begründeten Sowjetrepubliken. Im Gegenteil, die alten administrativen Einheiten der Kosakenheere wurden aufgelöst und auf verschiedene sowjetische Bezirke aufgeteilt, deren Verwaltung ganz in die Hände von Nichtkosaken gelegt wurde. Die Politik war darauf ausgerichtet, die Kosaken wirtschaftlich weiter zu schwächen und sie als Gemeinschaft mit eigenen Lebensformen und Identifikationen zu eliminieren. Ein Teil ihres Landbesitzes wurde konfisziert und an Nichtkosaken verteilt, die massenweise in die Gebiete der Kosakenheere umgesiedelt wurden.

Nach dem Ende des Bürgerkriegs blieben die Verhältnisse wie in anderen Gebieten Sowjetrusslands auch in den Kosakengebieten instabil. Räuberbanden aus Kosaken und Nichtkosaken durchzogen das Land, und immer wieder kam es zu kleineren Erhebungen. So revoltierten am Kuban 2 000 Kosaken und organisierten sich militärisch. Anders als im Bürgerkrieg verbanden sich die Revolten der Kosaken nicht selten mit denen der Bauern, die von der brutalen Beschlagnahmung von Getreide ebenfalls betroffen waren. Alle Aufstände wurden niedergeschlagen. Zahlreiche Kuban- und Donkosaken wurden aus ihren Dörfern vertrieben und in Lager gesperrt, viele Dörfer wurden niedergebrannt. Als sich im Jahre 1920 acht Stanicy der Terekkosaken erhoben, wurden 9000 Familien in den Donbass und nach Nordrussland deportiert – ein Vorläufer der stalinistischen Massendeportationen. Es ist paradox, dass das freigewordene Land armen Tschetschenen und Inguschen zugeteilt wurde, also Vertretern von Völkern, die 24 Jahre später unter dem Vorwand der Kollaboration mit der deutschen Wehrmacht in ihrer Gesamtheit nach Asien deportiert werden sollten. Infolge des siebenjährigen Kriegs und der Zwangsmaßnahmen war die Landwirtschaft ruiniert, und in den Jahren 1921/22 kam es in den südlichen Gebieten Sowjetrusslands zu einer schrecklichen Hungersnot, der bis zu fünf Millionen Menschen zum Opfer fielen. Die meisten von Kosaken besiedelten Territorien, besonders die der Don-, Kuban- und Uralkosaken, waren stark vom Hunger betroffen.

Die im Jahre 1921 ausgerufene Neue Ökonomische Politik brachte den Kosakenheeren eine Atempause, doch dauerte es hier länger, bis sich die Landwirtschaft einigermaßen erholte. Auch politisch entspannte sich die Situation. Eine Amnestie wurde erlassen, und Tausende emigrierter Kosaken kehrten in die Sowjetunion zurück.

Schon am Ende der 1920er Jahre belebte die Sowjetführung die Politik der gewaltsamen Getreiderequisitionen neu. Die 1929 eingeleitete Zwangskollektivierung der Landwirtschaft traf nicht nur die Kosaken, sondern alle Bauern, die als eigenständige soziale Gruppe ausgeschaltet werden sollten. Die von Stalin proklamierte «Liquidierung des Kulakentums als Klasse» hatte aber unter den Kosaken besonders schwerwiegende Folgen. Als Kulak galt der reiche Bauer, der Lohnarbeiter beschäftigte, und allgemein die als politisch unzuverlässig und konterrevolutionär eingestufte Landbevölkerung – Eigenschaften, die aus der Sicht der sowjetischen Behörden auf die Kosaken in besonderem Maß zutrafen. Im Ganzen wurden zwischen 200 000 und 300 000 Kosaken (Männer, Frauen und Kinder) nach Nordrussland und Sibirien deportiert, wobei das Kuban-, Don- und Ural-Heer am meisten betroffen waren. Dieses Schicksal konnte ganze Dörfer treffen. Als Antwort auf eine Erhebung wurde im Jahre 1932 die kosakische Bevölkerung von drei Stanicy am Kuban, insgesamt 45 000 Menschen, in den russischen

Norden deportiert. Die sowjetischen Behörden führten dafür folgende Begründung an:

«In Anbetracht der Tatsache, dass die Stanica Poltavskaja trotz aller getroffenen Maßnahmen fortfährt, alle ökonomischen Aktivitäten der Sowjetmacht böswillig zu sabotieren, und offensichtlich unter der Fuchtel der Kulaken ist, halten wir es für notwendig, alle Bewohner der Stanica von ihrem Wohnort zu deportieren, mit Ausnahme derjenigen, die ihre Loyalität zur Sowjetmacht im Bürgerkrieg und im Kampf mit den Kulaken beweisen können.»

Dies war nach der Vertreibung der Terekkosaken im Jahre 1920 das zweite Mal, dass man die gesamte Bevölkerung einzelner Siedlungen (und nicht nur die «Kulaken») deportierte. Dies zeigt, wie stark gerade die Kosaken vom Massenterror getroffen wurden. Als der Schriftsteller Šolochov erlebte, wie mitten im Winter mehr als tausend Familien von Donkosaken aus ihren Häusern vertrieben wurden, sandte er einen Protestbrief an Stalin. In seiner Antwort rechtfertigte Stalin die rigorose Politik, Šolochov ließ er aber ungeschoren.

Zwangskollektivierung und «Entkulakisierung» führten zu einer Wirtschaftskrise, die 1932 in einer neuen Hungersnot gipfelte. Das Kaukasusvorland, das Siedlungsgebiet der mehrheitlich ukrainischsprachigen Kubankosaken, war nach der Ukraine und Kasachstan die am schlimmsten betroffene Region der Sowjetunion. Die von Stalin herbeigeführte oder zumindest nicht verhinderte Hungersnot sollte im Kuban nicht nur die Kosaken treffen, sondern muss auch im Kontext des *Holodomor*, des gegen die Ukrainer gerichteten Hunger-Terrors, betrachtet werden. Bis zu 350 000 Kubankosaken verhungerten. Es folgte eine Politik der Russifizierung der ukrainischsprachigen Kosaken.

Nachdem den schon im Bürgerkrieg dezimierten Kosaken durch die brutale «Entkosakisierung» und «Entkulakisierung» endgültig das Genick gebrochen worden war, vollzog die sowjetische Führung Mitte der 1930er Jahre einen politischen Schwenk. Stalin verkündete, dass «ein sowjetisches Kosakentum» entstanden sei, und appellierte an die militärischen Traditionen der Kosaken, die nun in eigenen Kavallerie-Einheiten in der Roten Armee dienen durften. Es ist allerdings fragwürdig, für die Zeit ab der Mitte der 1930er Jahre überhaupt noch von «den Kosaken» als eigener ethno-sozialer Gruppe mit einer ausgeprägten Identifikation zu sprechen.

Kosaken in der deutschen Wehrmacht im Zweiten Weltkrieg

Am Krieg der Sowjetunion gegen das nationalsozialistische Deutschland nahmen Kosakenverbände sowie zahlreiche andere aus der ehemaligen kosakischen Bevölkerung ausgehobene Soldaten teil. Die kosakischen Kavalleristen zeichneten sich in den Kämpfen wiederholt aus und gelangten bis nach Berlin. Allerdings konnten sie gegen die deutschen Panzer wenig ausrichten – ein Symbol für die verlorene Welt der Kosaken.

Als die deutsche Wehrmacht im Sommer und Herbst 1942 weite Teile der Gebiete besetzte, in denen die Nachfahren der Don-, Kuban- und eines Teils der Terekkosaken lebten, arbeitete eine Minderheit der Bevölkerung mit den Besatzern zusammen, um sich am Sowjetregime für den Massenterror und die Zerstörung des Kosakentums zu rächen oder einfach, um sich Vorteile zu verschaffen. Viele erhofften sich, dass die Kollektivierung rückgängig gemacht und die Sonderstellung der Kosaken wiederhergestellt werde. Im September 1942 wurde in Novočerkassk mit Sergej Pavlov ein Ataman gewählt, der die Souveränität des Don-Heeres verkündete. Ein Teilgebiet im Kuban erhielt sogar Ansätze einer kosakischen Selbstverwaltung.

Die Nationalsozialisten schürten die Hoffnungen der Kosaken, ohne ernsthaft an ihre Erfüllung zu denken. Sie instrumentalisierten die Kosaken, deren Kampfkraft und antibolschewistische Einstellung Hitler hoch einschätzte, als erste und zunächst einzige Gruppe ethnischer Russen für ihren Krieg. In einer abenteuerlichen rassenideologischen Rechtfertigung schloss man sie aus dem slawisch-russischen «Untermenschentum» aus und erklärte sie zum eigenen, mindestens teilweise «arischen», von den Ostgoten abstammenden Volk. Ideologische Schützenhilfe erhielten die Nationalsozialisten von Vertretern der kosakischen Emigration, die von einem «Großkosakien von der Ukraine bis zur Wolga» träumten. Unter ihnen waren der Kubankosak Andrij Škuro, der sich im Bürgerkrieg ausgezeichnet hatte, und der schon über siebzigjährige Petr Krasnov. Dieser hatte sich 1941 in Prag um die Begründung einer «Kosakischen Nationalpartei» bemüht, die Hitler als obersten Führer der kosakischen Nation bezeichnete, gewissermaßen in der Nachfolge der Zarensöhne. 1943 wurde Krasnov zum Leiter einer «Kosakischen Hauptverwaltung» ernannt, die dem Reichsministerium für die besetzten Ostgebiete unterstellt wurde. «Das Deutschland Adolf Hitlers lässt die Kosaken wieder auferstehen und erweckt von Neuem die kosakische Seele», so Krasnov 1943.

Die größte Gruppe von Kosaken in der Wehrmacht wurde aus Kriegsgefangenen rekrutiert. Die schrecklichen Bedingungen in den Lagern für sowjetische Kriegsgefangene, von denen zwei Drittel verhungerten oder Seuchen zum Opfer fielen, machten es den Werbern leicht. Die Entscheidung zur Kollaboration rettete vielen Kosaken (und Gefangenen, die sich als Kosaken ausgaben) das Leben.

Schon im August 1941 war ein vom Donkosaken Ivan Kononov geführtes Regiment zu den Deutschen übergelaufen. Unter Kononovs Kommando kämpften kleinere Einheiten kosakischer Freiwilliger auf deutscher Seite bis zum Frühjahr 1943 an der Ostfront. Im April 1943 wurden die meisten kosakischen Abteilungen in der 1. Kosaken-Kavalleriedivision zusammengefasst, die Regimenter der Don-, Kuban-, Terek- und sibirischen Kosaken hatte. Die Division stand unter dem Kommando von Generalmajor Helmuth von Pannwitz, einem ehemaligen SA-Führer; auch die meisten Offiziere waren Deutsche. Im November 1943 wurde die 14 500 Kosaken und 4000 Deutsche umfassende Division nach Jugoslawien verlegt, wo sie mit der Bewachung der Verkehrswege und der Bekämpfung der kommunistischen Partisanen betraut wurde.

Während die deutschen Truppen das Don-, Kuban- und Terekgebiet besetzt hielten, rekrutierte man Kosaken als «Hilfs-

Abb. 15 Kosaken in der Wehrmacht

willige». Als die Wehrmacht Anfang 1943 den Rückzug antrat, schlossen sich ihr etwa 14 000 Kosaken (oder andere Männer, die sich als Kosaken ausgaben) an. Unter Ataman Pavlovs Führung zogen sie, teilweise von ihren Familien begleitet, über die Ukraine nach Weißrussland, wo man ihnen um Navahrudak ein eigenes Gebiet zuwies, dem eine gewisse Autonomie gewährt wurde. Die nunmehr (mit Frauen und Kindern) zwischen 20 000 und 30 000 Kosaken wurden zur Bekämpfung von Partisanen und auch zur Niederschlagung des Warschauer Aufstands eingesetzt. Als die sowjetischen Truppen näher rückten, wurden diese als «kosakisches Lager» bezeichneten Kosaken im Herbst 1944 nach Italien verlegt. Sie wurden im Friaul im Raum Tolmezzo angesiedelt, wo sie unter der Protektion der SS erneut eine kosakische Selbstverwaltung aufbauten und italienische Partisanen bekämpften.

Im Februar 1945 wurden mehrere in der Wehrmacht kämpfende Kosakenverbände mit einer Stärke von etwa 35 000 Mann im 15. Kosaken-Kavalleriekorps zusammengefasst. Sein Befehlshaber war von Pannwitz, der im März von einem Kosakenkongress zum Obersten Feldataman gewählt wurde. Das Korps wurde formal der Waffen-SS zugeordnet, die für Nachschub und Transporte zuständig war, blieb aber gleichzeitig auch Teil der Wehrmacht.

Die Zahlenangaben der einzelnen kosakischen Verbände variieren in den Quellen. Das gilt auch für Schätzungen ihrer Gesamtzahl, die kleinere Kosakenabteilungen, die an anderen Fronten und im Hinterland eingesetzt wurden, ebenso wie die Verluste berücksichtigen müssen. Am Ende des Krieges dürften 50 000 bis 70 000 Kosaken auf deutscher Seite gekämpft haben. Damit stellten sie mindestens zehn Prozent der «Osttruppen» der Wehrmacht, die aus Sowjetbürgern aller Nationalitäten bestanden, unter ihnen die «Ostlegionen» und die «Befreiungsarmee» des russischen Generals Andrej Vlasov.

Hitler hatte sich aus rassenideologischen Gründen bis 1943 gegen einen Kampfeinsatz russischer Verbände ausgesprochen. Die einzige Ausnahme waren lange Zeit die Kosaken, die seit Ende 1941 an der Ostfront kämpften. Die Hauptaufgabe der Kosaken war aber die Bekämpfung von Partisanen in Weißrussland, Italien und vor allem in Jugoslawien, wo die 1. Kosaken-Kavalleriedivision eingesetzt wurde. Die Kosaken erfüllten ihre Aufgaben zur Zufriedenheit der deutschen Stellen, spürten Partisanen auf und töteten viele von ihnen. Kosaken waren zum Beispiel an der Aktion «Rösselsprung» vom Mai 1944 beteiligt, bei der Tito um ein Haar gefangen worden wäre. Die Kosaken gingen auch gegen die Zivilbevölkerung brutal mit Plünderungen, Vergewaltigungen, Geiselnahmen und Erschießungen vor.

Am Kriegsende schlugen sich die meisten Kosaken aus Jugoslawien und aus Italien nach Österreich durch, wo sie sich kurz nach Kriegsende den britischen Besatzungstruppen ergaben. Etwa 40 000 Kosaken wurden Ende Mai/Anfang Juni 1945 an die Sowjetunion ausgeliefert. Den Kosaken und auch den Briten war klar, dass dies Tod oder Straflager bedeutete. Deshalb flüchteten zahlreiche Kosaken oder begingen Selbstmord. Wie befürchtet, wurden die meisten Offiziere erschossen und die übrigen Kosaken in sowjetische Straflager gesteckt, wo in der

Folge viele umkamen. Zwölf ihrer Anführer, unter ihnen Krasnov, von Pannwitz und Škuro, wurden nach Moskau gebracht, in einem Hochverratsprozess zum Tode verurteilt und im Januar 1947 hingerichtet.

In Forschung und Politik ist das Vorgehen der britischen Besatzungsbehörden scharf kritisiert worden. Ihnen wird vorgeworfen, internationale Vereinbarungen nicht eingehalten und die Kosaken bewusst in den Tod geschickt zu haben. Auf der Konferenz von Jalta hatten sich die Alliierten im Februar 1945 allerdings verpflichtet, ihre jeweiligen Staatsbürger zu repatriieren. Unter den ausgelieferten Kosaken waren allerdings auch Emigranten, die keine sowjetischen Staatsbürger waren. Die Briten betrieben Realpolitik. Sie befürchteten, dass die Sowjets als Reaktion auf eine Nichtauslieferung der Kosaken britische Kriegsgefangene, die von der Roten Armee befreit worden waren, nicht ausliefern würden. Auf jeden Fall wollten die Briten die Kosaken, von denen viele Kriegsverbrechen begangen hatten, loswerden. So endete das letzte (unrühmliche) Kapitel der Geschichte der kosakischen Krieger im sowjetischen Gulag.

7. Renaissance des Kosakentums nach dem Ende der Sowjetunion?

In der Sowjetunion wurde seit dem Zweiten Weltkrieg das Kosakentum aus dem öffentlichen Bewusstsein verdrängt. Die kosakischen Einheiten der Sowjetarmee waren schon 1947 abgeschafft worden. Initiativen von Historikern und gesellschaftlichen Gruppen zur Beschäftigung mit dem Kosakentum wurden abgeblockt. Lediglich in der Form von staatlich organisierten und kontrollierten Tanz- und Chorgruppen waren Kosaken in der späten Sowjetunion präsent. Erst seit sich am Ende der 1980er Jahre die Zügel lockerten, kam es in den meisten Gebieten der ehemaligen Kosakenheere Russlands zu gesellschaftlichen Bewegungen, die eine «Renaissance des Kosakentums» anstrebten. Dabei knüpfte man nicht an die sozialrevolutionären Traditionen eines Razin und Pugačev an, sondern an die Rolle des kosakischen Kriegerstandes im Dienste des Zarismus.

Im Juni 1990 versammelten sich in Moskau über 700 Vertreter von 15 Kosakenvereinigungen aus unterschiedlichen Regionen Russlands zu einem «Großen Kosakenring», begründeten einen Kosakenbund und wählten einen Ataman. In den frühen 1990er Jahren wurden alle alten Kosakenheere vom Don bis an den Ussuri mit den Institutionen des Rings und des gewählten Atamans wiederbelebt, alte Banner und Uniformen wurden aus dem Keller geholt. Diese Neo-Kosaken, wie sie Sergej Markedonov treffend bezeichnet, erhoben Ansprüche auf Selbstverwaltung, und das Don Heer proklamierte im Oktober 1991 eine Don-Republik. Gleichzeitig machte man sich daran, ein kosakisches Volk als «eines der ostslawischen Völker mit einem besonderen physischen und geistigen Antlitz» zu konstruieren.

Die Neo-Kosaken definierten sich nicht über Territorium oder Abstammung, sondern als Gesinnungsgemeinschaft. Als

Abb. 16 Russische Neo-Kosaken in Paradeuniform

Kosaken galten nicht nur die Abkömmlinge von Kosakenfamilien, sondern alle, die sich in der «Wiedergeburt des Kosakentums» engagierten. Die Neo-Kosaken erklärten sich zu «Verteidigern des Vaterlandes», etwa im Nordkaukasus gegenüber den kaukasischen Ethnien, vor allem den Tschetschenen und Inguschen. Xenophobe nationalistische Tendenzen machten sich breit. Schwierig war die Situation der Ural- und Semireč'-kosaken im unabhängigen Kasachstan, wo ihre auf Russland ausgerichteten Organisationen von der Regierung nicht unterstützt wurden. Manche kasachische Publizisten warfen den Kosaken vor, an der gewaltsamen Eroberung Kasachstans im 19. Jahrhundert mitgewirkt zu haben.

Nachdem sich die innere Situation in Russland stabilisiert hatte, ging die Regierung daran, die kosakische Bewegung unter ihre Kontrolle zu bekommen und für ihre Zwecke zu instrumentalisieren. Schon im Juni 1992 hatte ein Gesetz die Kosaken, die sich gegen die Sowjetmacht gestellt hatten, rehabilitiert und sie damit als gesellschaftliche Gruppe legalisiert. Eine neu geschaffene «Hauptverwaltung der Kosakenheere» erstellte ein Kosakenregister – so wie schon die polnischen Könige im späten 16. Jahrhundert –, das in Russland 14 «Gesellschaften der Heereskosaken» anerkannte. Neo-kosakischen paramilitärischen Verbänden wurden in ihren Regionen Aufgaben des Grenzschutzes, der Polizei und der Bewachung staatlicher Objekte übertragen. Die traditionell enge Verbindung mit der Armee wurde dadurch gestärkt, dass man den Neo-Kosaken zusagte, in eigenen Einheiten dienen zu dürfen. Ehemalige Offiziere spielten in ihren Organisationen eine große Rolle und trugen zu ihrer Militarisierung bei. Neo-Kosaken knüpften auch an die traditionelle Rolle der Kosaken als Mehrer und Bewahrer des Imperiums an, indem sie als Freiwillige in mehreren bewaffneten Konflikten in Erscheinung traten: in Transnistrien 1990 und im Kaukasus, 2008 im russisch-georgischen Krieg in Südossetien, sowie auf serbischer Seite im Kosovo-Krieg Ende der 1990er Jahre.

Im Jahr 2005 wurde das Verhältnis zwischen russländischem Staat und Neo-Kosaken im «Gesetz über den Staatsdienst des russischen Kosakentums» genauer geregelt. Die Organisationen der Kosakenheere wurden offiziell anerkannt und mit Aufgaben der «militärisch-patriotischen Erziehung» und der regionalen Verwaltung und Verteidigung betraut. Zur Koordination wurde 2009 ein «Rat beim Präsidenten der Russländischen Föderation für Angelegenheiten des Kosakentums» geschaffen.

Auch in der unabhängigen Ukraine knüpfte man an die Traditionen des Kosakentums an. Dies geschah einerseits auf der Ebene des Staates, der kosakische Symbole übernahm und den Geschichtsmythos von den Kosaken als Begründern der ukrainischen Nation und Staatlichkeit förderte. Intellektuelle begründeten im September 1990 in einem ersten «Gesamtukrainischen Großen Kosakenring» die gesellschaftliche Vereinigung «Ukrainisches Kosakentum», die für eine «Wiedergeburt» der kosakischen Traditionen im Dienst der ukrainischen Nation eintrat. Als erster Hetman wurde mit Vjačeslav Čornovil ein bekannter oppositioneller Politiker gewählt. Dass er im November 1992 von einem Berufsmilitär abgelöst wurde, unterstreicht, dass auch in der Ukraine die militärischen Traditionen der Kosaken hochgehalten wurden. Dieser Aufgabe widmete sich besonders die «Zaporožer Sič», eine zweite neo-kosakische Organisation. Ähnlich wie in Russland nahm auch in der Ukraine der Staat die Neo-Kosaken bald unter seine Fittiche und instrumentalisierte sie für die Aufgaben der Staats- und Nationsbildung.

Die neo-kosakischen Verbände in Russland und in der Ukraine stellten sich also in den Dienst der neuen Staaten. In Russland stehen sie in der Regel auf der Seite konservativ-monarchistischer, teilweise auch rassistisch-extremistischer Kräfte. Sie bleiben auf das ständische Ideal der Zarenzeit orientiert und geben keine Antworten auf die Fragen des 21. Jahrhunderts. Obwohl sie selber die Mitglieder ihrer Organisationen auf mehrere Millionen beziffern, werden sie offensichtlich nur von Minderheiten in ihren Regionen unterstützt. Es ist ihnen nicht gelungen, ein tragfähiges kosakisches Bewusstsein zu schaffen. Das Bekenntnis zum Kosakentum stellt heute keine Alternative zu einem russischen Nationalbewusstsein dar, sondern ist eine Spielart des russischen (und ukrainischen) Nationalismus. Einer möglichen regionalistischen Orientierung steht die enge Bindung an den Zentralstaat entgegen.

Die Zähmung der Neo-Kosaken durch den postsowjetischen Staat hat in einem Zeitraffer die Geschichte der Kosaken im 17. bis 19. Jahrhundert wiederholt, als die Gemeinschaften der freien Kosaken zu einem Militärstand im Dienste des Zarenreichs umgeformt wurden. Auch dass sich heute einzelne neo-kosakische Gruppen in reaktionären, teilweise extremistischen Bewegungen engagieren, ist nicht neu. Was bleibt, ist vorwiegend Folklore – die Feste, Tänze, Chöre, Uniformen, Flaggen und Reiterspiele der russischen und ukrainischen Neo-Kosaken.

8. Übergreifende Fragen

Kosakenfrauen

In diesem Buch war bisher (fast) ausschließlich von Männern die Rede. Dies entspricht dem Ideal des Kosakentums als militärischer Bruderschaft, die männliche Werte wie Ehre, Tapferkeit, Körperkraft und Ausdauer hochhält und die an mittelalterliche Ritterorden gemahnt. Ursprünglich hatten Frauen zu den Lagern der Kosaken auf den Inseln des Dnjepr und Don überhaupt keinen Zutritt. Diese Regel wurde bald durchbrochen, um die sexuellen Bedürfnisse der Kosaken zu befriedigen und für Nachwuchs zu sorgen. Zu diesem Zweck raubten die Kosaken Tatarinnen, Türkinnen und Kaukasierinnen. Auch später verbanden sich viele Kosaken mit kaukasischen, türkischen und tatarischen Frauen, was zur Entstehung ihrer hybriden Kultur beitrug. Weniger wissen wir über geraubte Kosakinnen und ihre Verbindungen mit Tataren, Türken und Kaukasiern. Die meisten Zaporožer Kosaken hatten Familien in den ukrainischen Grenzstädten, zu denen sie periodisch zurückkehrten. Das erlaubte der Gemeinschaft der Zaporožer Sič, die Frauen längerfristig auszuschließen.

Die ablehnende Haltung der Kosaken gegenüber Frauen wird auch in Volksliedern thematisiert. In dem bereits zitierten russischen Volkslied werfen die Kosaken Stenka Razin vor, sich nur um die von ihm geraubte persische Prinzessin zu kümmern:

«Er hat uns gegen ein Weib getauscht,
Nur eine Nacht hat er mit ihr verbracht
und ist am Morgen selbst zum Weib geworden.»

Auf diese Kritik reagiert Razin damit, dass er die Prinzessin in die Wolga wirft. Die Wolga, der Lebensraum der Kosaken, ist Frau und Mutter, wie die folgende Strophe deutlich macht:

«Wolga, Wolga, liebe Mutter,
Wolga, du russischer Strom,
Noch kein Geschenk hast du erhalten
von einem Donkosaken!»

In anderen Liedern gilt den Kosaken die Steppe oder die Sič als Mutter. Der Mythos der kosakischen Männergesellschaft wird auch in Gogol's *Taras Bul'ba* evoziert: «Ein Kosak ist nicht dazu da, sich mit Weibern herumzubalgen.» Wenn er sich mit Frauen einlässt, wie Taras' Sohn Andrij, führt das zum Desaster.

Das Ideal der frauenlosen Rittergemeinschaft entsprach spätestens im 17. Jahrhundert nicht mehr der Realität. Sogar unter den Anhängern Stenka Razins war eine Frau, eine frühere Nonne, die als Ataman Alena eine größere Truppe Aufständischer befehligte, bevor sie gefangen und dann verbrannt wurde. Manche der an die Steppengrenze flüchtenden Bauern nahmen ihre Familien mit. Erst der Zuzug von Frauen und die Selbstergänzung ermöglichte es den alteingesessenen Kosaken, sich von den Zuwanderern abzuschotten und eine erbliche Elite herauszubilden. Allerdings gab es bis ins 19. Jahrhundert hinein in allen Kosakengemeinschaften einen Männerüberschuss. Die Regierung förderte Heiraten und sandte gelegentlich Frauen, unter ihnen straffällige, in die Kosakengebiete.

Als die Kosaken begannen, sich mit Viehwirtschaft und Ackerbau zu beschäftigen, waren sie auf die Unterstützung durch ihre Frauen angewiesen. Die Männer waren längere Zeit abwesend, sei es in militärischer Ausbildung oder in Einsätzen im Krieg und im Inneren. Ihre Frauen übernahmen in dieser Zeit sogar Aufgaben der Grenzbewachung, und viele von ihnen waren bewaffnet, um sich gegen Überfälle der Nomaden oder Kaukasier zu wehren. Sie waren nun allein für die Wirtschaftsführung verantwortlich und mussten auch die Arbeiten auf dem Feld und mit dem Vieh erledigen. Angesichts der traditionellen Verachtung der kosakischen Krieger für Handarbeit galt das nicht nur für die Zeit, wenn der Hausherr abwesend war. Da nicht wenige Kosaken im Kriegsdienst ihr Leben ließen oder gefangen wurden, war

Abb. 17 Kosakenfrau (Portrait von Vasilij Surikov, 1902)

der Anteil an Witwen groß, die dann offiziell die Führung des Haushalts übernahmen.

Die Eigenständigkeit der Kosakenfrauen zeigt sich unter anderem darin, dass Heiraten, wie von den Don- und Terekkosaken im 19. Jahrhundert berichtet wird, in der Regel von den beiden Müttern arrangiert wurden. Zeitgenössische Erzählungen lassen vermuten, dass die Kosakengemeinschaften außereheliche sexuelle Beziehungen in höherem Maß tolerierten als die russischen Bauern. Das galt sowohl vor der Heirat als auch bei den Verheirateten, hier besonders für die Frauen, deren Männer länger abwesend waren, sowie für die Witwen.

Lev Tolstoj zeigt in seinem kurzen Roman *Die Kosaken* Empathie für die Kosakenfrauen. Sie verrichten einen Großteil der Arbeit im Haus und auf dem Feld. Die Männer halten körperliche Arbeit für eines Kosaken unwürdig und sprechen, wenn sie nicht gerade Wachdienst verrichten oder Krieg führen, exzessiv dem Alkohol zu: «Die Frauen sind meist stärker, klüger ... und schöner als ihre Männer.» Die Kosakenfrauen hatten noch im 19. und 20. Jahrhundert den Ruf, selbständiger und selbstbewusster zu sein als die russischen Bäuerinnen. Allerdings waren auch diese, wie die jüngere Forschung betont, nicht nur die Dienerinnen und Opfer ihrer Ehemänner. Dennoch war der Handlungsspielraum der Kosakinnen größer. Zeitgenossen berichten, dass die Ehemänner in der Regel respektvoll mit ihren Partnerinnen umgingen.

Obwohl die Kosakinnen also in ihren Familien und Stanicy eine eigenständige starke Stellung hatten, treten Frauen in den kosakischen Gemeinschaften des 19. und 20. Jahrhunderts öffentlich nicht in Erscheinung. Eine Ausnahme sind drei ukrainische Atamaninnen, die im Chaos des Bürgerkriegs kurzfristig auftauchen. Nachdem der Weltkrieg und der Bürgerkrieg die Hälfte der männlichen Kosaken das Leben gekostet hatten, waren ihre Frauen noch mehr als zuvor auf sich allein gestellt. Sie konnten die Zerstörung des Kosakentums nicht verhindern.

Eine kosakische Nation?

«Die Kosakenstämme Russlands unterscheiden sich trotz ihrer unverkennbar russischen Abstammung durch die Vermischung mit anderen Nationen und durch ihre eigenthümliche Verfassung sehr von den eigentlichen Russen»,

schrieb der deutsche Reisende Heinrich Storch um die Wende vom 18. zum 19. Jahrhundert. Wendungen wie «Die Kosaken und die Russen», «Es ist verboten, in Eure Gemeinschaft Russen aufzunehmen», Zeugnisse also, die Kosaken und Russen einander gegenüberstellen, finden sich in zahlreichen Quellen des 17. bis 20. Jahrhunderts. «Ein Donkosak wird Ihnen niemals sagen, dass er ein Russe ist. Nein, er sagt, ich bin Kosak», so brachte es ein kosakischer Abgeordneter der Ersten Reichsduma, des ersten russischen Parlaments, im Jahre 1906 auf den Punkt. Und Petr Krasnov, der Ataman der Donkosaken, bezeichnete im Jahre 1922 die Auseinandersetzung mit den Bolschewiki als nationalen Krieg der Kosaken gegen die Russen. Kann man von einer eigenen, von den Russen getrennten kosakischen Nation sprechen?

Unabhängig davon, wie man sie bezeichnet, waren die Kosaken seit ihrer Entstehung eigenständige Gemeinschaften, die sich von anderen ethnischen und sozialen Gruppen deutlich abgrenzten. Objektive distinktive Merkmale waren über die Jahrhunderte hinweg ihre Lebensformen, Kleidung, Sitten und Bräuche, ihre Institutionen der Selbstverwaltung (Ring und Ataman), ein kriegerischer Ehrenkodex und Mythen von Gleichheit und Freiheit. Dies trifft naturgemäß für die alten «gewachsenen» Heere der Dnjepr-, Don-, Terek- und Jaik-(Ural-)Kosaken – teilweise auch der Kubankosaken, die an Traditionen der ukrainischen Kosaken anknüpften – in höherem Maß zu als für die übrigen, von der russländischen Regierung ins Leben gerufenen Heere. Die Kosaken der alten und der neuen Heere wurden im Zarenreich des 19. und frühen 20. Jahrhunderts durch ihre Sonderstellung als Militärstand von allen anderen Bewohnern Russlands getrennt. Sie waren sich dieser

Besonderheiten bewusst, hatten ein ausgeprägtes korporatives Bewusstsein und grenzten sich von anderen ethnischen Gruppen, auch von den Russen, ab.

Andererseits verbanden Sprache und Religion die meisten Kosaken mit der Masse der Russen bzw. Ukrainer. Manchen Beobachtern galten die Kosaken sogar als Bewahrer des ursprünglichen Russentums. Im 20. Jahrhundert betrachteten sich nicht wenige Kosaken als national-religiöse Retter Russlands vor den internationalistischen atheistischen Bolschewiki. Im 19. und frühen 20. Jahrhundert sahen sich die meisten Kosaken als Teil Russlands, im Sinne der imperialen russländischen Nation, in der Regel aber nicht der ethnischen russischen Nation. Dem entsprach, dass die Kosakengemeinschaften kulturell hybrid waren und nichtslawische Gruppen wie Tataren, Kalmyken und Burjäten umfassten. Sie hatten starke Bindungen an die herrschende Dynastie, die durch Zeremonien, Symbole und Legenden gestärkt wurden. Erst die postsowjetischen Neo-Kosaken stellten sich dann nicht nur in den Dienst des Staates, sondern auch eines ethnischen russischen Nationalismus.

Einen Sonderfall stellten die ukrainischen Kosaken dar. Sie waren zwar seit ihren Anfängen ethnisch ebenfalls gemischt, doch engagierten sie sich im 17. Jahrhundert für die Orthodoxie und die Ukrainer oder Rus', wie diese damals bezeichnet wurden. In der Revolution von 1648 schufen die Dnjeprkosaken mit dem Hetmanat einen explizit ukrainischen proto-nationalen Kosakenstaat. Als dieser am Ende des 18. Jahrhunderts von der russländischen Regierung liquidiert wurde, verloren die Kosaken ihre nationsbildende Funktion. Der Kosakenmythos wurde jedoch zum wichtigsten Symbol der sich formierenden modernen ukrainischen Nation. Traditionen des ukrainischen Kosakentums bewahrten die Schwarzmeerkosaken, die im Kubangebiet angesiedelt wurden. Sie bildeten die Mehrheit des Heeres der Kubankosaken, des zweitgrößten Kosakenheers Russlands, das sich aber, mit einer kurzfristigen Ausnahme im Jahr 1918, nicht auf die ukrainische Nation hin orientierte.

Angesichts der Spannweite des kosakischen Siedlungsgebietes, das vom Schwarzen Meer bis zum Pazifik reichte, erhebt sich die Frage, ob man nicht von nur einer, sondern von mehreren, regional getrennten kosakischen ethno-sozialen Gruppen sprechen sollte. Tatsächlich zeigten die Kosaken eine starke Bindung an ihre Heere und Territorien. «Wir sind Doner, Kubaner, Tereker», heißt es in den Quellen, und es ist vom «Volk der Donkosaken» die Rede. Stark war die Bindung an die Flüsse, die den Heeren ihren Namen gegeben hatten und als «Vater Don», «Stiller Don» oder «Mutter Wolga» mythisch verklärt wurden. Allerdings wurden die Kosaken im Laufe des 19. Jahrhunderts zu Minderheiten in den meisten Heeres-Regionen, und es gelang nicht, die Nichtkosaken in eine territoriale Gemeinschaft zu integrieren. Überhaupt standen die sozialen Unterschiede nicht nur zwischen Kosaken und Nichtkosaken, sondern auch zwischen alteingesessenen wohlhabenden und neu zugewanderten armen Kosaken der Einheit der Kosaken im Wege. Das gilt auch für die zahlreichen Altgläubigen unter den Ural-, Don-, Terek- und Orenburgkosaken, die Untergruppen mit einem festen inneren Zusammenhalt bildeten.

Neben dieser regionalen Orientierung stand die Ausrichtung auf das gesamte Kosakentum. Seit ihren Anfängen unternahmen Kosaken unterschiedlicher Heere gemeinsame Feldzüge. Ständige Migrationen von einem Heer zum anderen sorgten dafür, dass solche überregionalen Bindungen erhalten blieben. Im 19. Jahrhundert integrierte der Status des Kriegerstandes mit seinen Privilegien und Pflichten, seinen Traditionen und Werthaltungen alle Kosaken. «Kosak» blieb also ein zentrales Kennzeichen der Identifikation. Im Jahre 1917 entstand eine «Union der Kosakenheere», und im Bürgerkrieg kam es zu gemeinsamen Aktionen von Don-, Kuban-, Terek- und Astrachan'kosaken, die Pläne einer Südostunion der Kosakenheere schmiedeten. Auch die Neo-Kosaken Russlands begründeten gesamtkosakische Organisationen.

Dennoch fällt die Antwort auf die Frage nach einer kosakischen Nation im modernen Sinn negativ aus. Die Kosaken hatten mindestens bis zur Russischen Revolution ein vornationales Bewusstsein mit ständischen, dynastischen, regionalen und ethnischen Komponenten und keine exklusiv auf die Nation ausgerichtete Loyalität, wie sie für die moderne Nation kennzeichnend ist. Die Kosaken besaßen wie andere vornationale Gemeinschaften eine mehrfache, schwebende, situative Identifikation und Loyalität. Bindungen an den Kosakenstand, an Zar und Dynastie, an die Religion, an das Territorium der Heere (und an kleinere Größen wie Regiment und Stanica) bestanden nebeneinander und wurden je nach historischer Situation aktiviert, etwa gegen Osmanen, Tataren, Kaukasier und Franzosen, gegen russische Zuwanderer, gegen alle Nichtkosaken oder auch gegen die ärmeren Kosaken.

Mit dem Zusammenbruch des Ancien Régime in der Russischen Revolution und der Abdankung des Zaren kamen den Kosaken zentrale Elemente ihrer Identifikation abhanden. Wie andere Gruppen der Peripherie, etwa die baltischen Völker, Ukrainer, Armenier und Georgier, reagierten die Don-, Kuban- und Terekkosaken auf das entstandene Machtvakuum mit separatistischen Losungen. In den unabhängigen Staaten, die 1918 an Don und Kuban ausgerufen wurden, kann man mit Shane O'Rourke Ansätze einer Nationsbildung orten. Die Loyalität zum russländischen Imperium wurde durch die Loyalität zum Kosakentum und zur Heimat der Don- und Kubankosaken ersetzt: «Unser Zar ist der Don!», so ein damaliger kosakischer Politiker. Es handelte sich allerdings um ein Projekt der kosakischen Eliten, denen sich die Masse der Kosaken erst anschloss, als die Bolschewiki brutal gegen die Kosaken vorgingen. Als die Kosaken militärisch geschlagen worden waren, brach der Prozess der Nationsbildung ab. Daran konnten die Träume mancher Emigranten von einem Kosakenstaat und einer kosakischen Nation nichts ändern.

Fakten und Mythen

Der Gang durch die Geschichte der Kosaken vom 15. Jahrhundert bis zur Gegenwart zeigt eine große Vielfalt von Erscheinungsformen in Zeit und Raum. Die frühen Steppenbeuter am Dnjepr und Don hatten wenig gemeinsam mit den Kosaken, die

1905 die Aufständischen niederknüppelten. Die ukrainischen Kosaken im 17. Jahrhundert unterschieden sich fundamental von den russischen Ussurikosaken im 19. oder späten 20. Jahrhundert. Im zeitlichen Ablauf ist die Transformation der freien Kosaken in einen Militärstand im Dienste der Zaren besonders prägnant. Trotz dieser Vielfalt und trotz der ständigen Veränderungen lassen sich zusammenfassend einige Charakteristika festhalten.

Die Kosaken wurden vor allem dank ihrer militärischen Fähigkeiten zu Akteuren in der Geschichte Osteuropas. Die freien Kosaken der Frühen Neuzeit bewachten die Grenze zwischen Wald und Steppe, kämpften gegen Tataren und Osmanen, nahmen im Dienst der polnischen und der Moskauer Herrscher an Kriegen teil, und Dienstkosaken trieben die Expansion Russlands nach Sibirien und in den Kaukasus voran. Die kosakische Kavallerie kämpfte vom 18. bis ins frühe 20. Jahrhundert in allen Kriegen Russlands mit, ebenso wie als paramilitärische Truppen zur Niederschlagung von Aufständen. Die Bedeutung der Kosaken im Bürgerkrieg der Jahre 1917 bis 1921 beruhte ebenfalls auf ihren militärischen Qualitäten, ebenso wie ihr letzter Auftritt auf der Bühne der «großen Geschichte» im Dienste des Nationalsozialismus. Allerdings verlor die kosakische Kavallerie im Zeitalter der Panzer-, Artillerie- und Luftkriege sukzessive an Bedeutung, was wesentlich zum Niedergang des Kosakentums beitrug.

Die zweite Szene, auf der die Kosaken eine Hauptrolle spielten, waren die Volksaufstände im frühneuzeitlichen Osteuropa, die fast alle von Kosaken, von Chmel'nyc'kyj über Razin zu Pugačev, angeführt wurden. Diese Rolle beruhte einerseits erneut auf ihrer militärischen Erfahrung, die sie in den Dienst der Rebellionen stellten. Dazu kamen die egalitären Traditionen der freien Kosaken, die für die vom Adel und Staat geknechteten Bauern und anderen Bevölkerungsgruppen eine große Anziehungskraft hatten. Die Volksaufstände scheiterten mit einer Ausnahme: Die Dnjeprkosaken erreichten ihre Ziele, lösten sich von der polnisch-litauischen Herrschaft und befreiten die ukrainischen Leibeigenen. Im von Chmel'nyc'kyj begründeten Het-

Abb. 18 Kosak Mamaj (ukrainisches Volksbild, 1. Häfte 19. Jahrhundert)

manat versuchten sie die Ideale der kosakischen Freiheit und Gleichheit umzusetzen. Als Führungsschicht des Hetmanats waren die ukrainischen Kosaken in der zweiten Hälfte des 17. und zu Beginn des 18. Jahrhunderts wichtige Akteure der Geschichte Osteuropas.

Fast alle Auftritte der Kosaken auf der Bühne der europäischen Geschichte waren relativ kurzfristig. Erheblich länger wirkten dagegen die Mythen, die sich um die Kosaken rankten. Diese Mythen und Symbole sind fassbar in unterschiedlichen Quellen, die sich gegenseitig beeinflusst haben, den Volksüberlieferungen, der schönen Literatur, der Malerei und Musik, der Historiographie, der politischen Publizistik und in der staatlichen Politik.

In Russland und in der Ukraine erscheinen Kosaken seit Jahrhunderten in Volksliedern, Erzählungen und auf folkloristischen Bildern als Symbole von Freiheit, Gleichheit und Gerechtigkeit. Sie kämpfen als «edle Räuber» für die Rechte des unterdrückten Volkes, gegen die Leibeigenschaft und gegen die

Adligen, die Bauern und Kosaken unterdrücken. Gleichzeitig werden sie als Vormauer der Orthodoxie gegenüber dem Islam (den Tataren und Türken) und dem Katholizismus (den Polen und Franzosen) erinnert.

Die ukrainischen *dumy*, lyrische Erzählungen, die mit Bandurabegleitung vorgetragen wurden, berichten von den freien Kosaken, die Kriegstaten vollbringen, oft in die Gefangenschaft der Türken und Tataren fallen oder den Heldentod sterben. Aus der Duma vom alten Ataman Matjaš:

«Die Türken-Janitscharen stürzten sich vom freien Feld ins Tal,
Nahmen zwölf Kosaken, prahlerische-unerfahrene, gefangen.
Ataman Matjaš, der Alte, setzt sich auf sein gutes Pferd,
sechstausend Türken-Janitscharen besiegt er,
Die Prahlerischen-unerfahrenen aus der Gefangenschaft befreit er,
...
Dann setzten sich die Kosaken aufs Pferd,
viertausend gottlose Muselmanen besiegten sie,
Von ihnen türkisches Silber und Gold nahmen sie,
Schnell zur Festung Sič eilten sie,
Sicher in der Festung Sič waren sie,
Das türkische Silber und Gold unter sich teilten sie.»

Weit verbreitet waren volkstümliche Bilder, die den schnurrbärtigen, oft mit Ausnahme einer Locke kahlköpfigen, Kosaken Mamaj zeigen, der an einen Baum gelehnt, die Tabakpfeife im Mund, die Kobza oder die Bandura spielt und neben dem sein gesatteltes Pferd, seine Waffen und eine Flasche zu sehen sind. Der ukrainische Kosakenmythos wird differenziert in frühen ukrainischen Geschichtswerken, den Kosakenchroniken, und der *Istorija Rusov* (Geschichte der Rus').

Diese Quellen inspirierten ukrainische Schriftsteller, allen voran den Nationaldichter Taras Ševčenko. In seinen Werken, beginnend mit seinem 1840 publizierten *Kobzar* (Spielmann), nehmen die Kosaken einen zentralen Platz ein. Über Ševčenko wurden die Kosaken zum zentralen ukrainischen Nationalmythos, der bis zur Gegenwart fortwirkt. Er wurde in der nationalen Publizistik und der wissenschaftlichen Historiographie ausgebaut.

Die Zaporožer Kosaken stehen jetzt für Werte, die die Ukrainer von den Russen und Polen abgrenzen sollen. Freiheit, Individualismus und Demokratie werden Unfreiheit, Kollektivismus und Autokratie der Russen gegenübergestellt, Orthodoxie, Gleichheit und Brüderlichkeit grenzen sie von den katholischen aristokratischen Polen ab. Als sich zu Beginn des 20. Jahrhunderts die ukrainische Nationalbewegung entfaltete, stellte sie kosakische Mythen und Symbole in ihren Dienst. Jetzt trat der Mythos vom Hetmanat als erstem ukrainischem Nationalstaat stärker hervor. Als ein Nationalstaat in den Jahren 1917 bis 1920 kurzfristig Wirklichkeit wurde, griffen dessen Führer, sowohl der «Hetman» Skoropads'kyj wie der «Oberste Otaman» Petljura, auf kosakische Mythen und Symbole zurück.

Dies wiederholte sich in der postsowjetischen Ukraine. Als großes Staatswappen dient heute das alte Wappen des Zaporožer Heeres, ein Kosak mit Muskete (siehe Abb. 5), und Chmel'nyc'kyj und Mazepa zieren Banknoten. Die Kosaken sind in der Werbung allgegenwärtig, von der Bier- und Käsemarke bis zu Zigaretten, Wodka und Souvenirs. Kosakenmuseen wurden begründet, an ihrer Spitze das Nationaldenkmal auf der Dnjeprinsel Chortycja, wo sich die Zaporožer Sič befunden hatte. Der Stellenwert des Kosakenmythos zeigt sich auch in der heutigen, aus dem 19. Jahrhundert stammenden ukrainischen Nationalhymne, deren Refrain lautet:

> «Leib und Seele geben wir für unsere Freiheit hin,
> und wir werden zeigen, Brüder,
> dass wir vom kosakischen Stamm sind.»

Der russische Kosakenmythos dagegen ist ambivalent. Dies zeigt sich schon in den Volksliedern und Volkserzählungen. Viele sind den freien Kosaken am Vater Don und an der Mutter Wolga, den Helden der Volksaufstände, vor allem Stenka Razin, gewidmet. Eine noch beliebtere Figur der russischen Folklore ist der Kosak Ermak, der den Anstoß zur russischen Eroberung Sibiriens gegeben hatte, also zum Ruhm des russländischen Imperiums beitrug. Auch der Ermak-Mythos ist ambivalent: Er tritt

Abb. 19 Mythos Ermak (russischer Volksbilderbogen, 19. Jahrhundert)

nicht nur als Eroberer, sondern auch als Robin Hood, als Räuber und Pirat, als Archetyp des freien Kosaken, auf. Hier als Beispiel der Anfang des beliebten Volkslieds von Ermak:

Wie es auf dem Flüsschen war,
auf dem Fluss Kamyšinka, Kamyšinka [ein kleiner Nebenfluss der Wolga],
wie dort lebten, ihr Leben verbrachten,
die ungebundenen [vol'nye] Männer, die freien, die freien [svobodnye],
die Wolgakosaken [im empathischen Diminutiv],
die Grebenkosaken und die vom Don, vom Don.
Bei den Kosaken ihr Ataman [im Diminutiv],
Ermak Timofeevič, Timofeevič.

Ambivalent ist auch die verbreitete Erzählung von der Eroberung der türkischen Festung Azov durch die Donkosaken. Die Heldentat wurde nämlich von der Regierung missbilligt. Der Mythos vom rebellischen Kosaken wurde im 19. Jahrhundert von russischen Revolutionären wie Michail Bakunin und Aleksandr Herzen aufgenommen.

In der russischsprachigen (und ukrainischen und polnischen) schönen Literatur ist die Entstehung des Kosakenmythos mit der Romantik verbunden. Die russischen Dichter greifen auf die russische und ukrainische Folklore und ihr Bild vom freien, ungebundenen, räuberischen und grausamen Kosaken zurück. Für Puškin ist Razin «die einzige poetische Figur in der russischen Geschichte». Paradoxerweise sind die exotischen Wilden im literarischen Kosakenmythos gleichzeitig Bewahrer der «russischen Seele», der Orthodoxie und der unverdorbenen Traditionen, die durch die Verwestlichung Peters des Großen verschüttet worden sind. Damit werden die Kosaken zum russisch-nationalen Mythos.

Den Prototyp des freien, wilden, gewalttätigen Kosaken, des Verteidigers der Orthodoxie gegen die katholischen Polen, verkörpert Taras Bul'ba, der Held der in einer ersten Fassung 1835 erschienenen Novelle des russisch-ukrainischen Schriftstellers Gogol' (Hohol') – ein romantisches Sujet, das von Leoš Janaček und Mykola Lysenko, dem bekanntesten ukrainischen Komponisten, verarbeitet worden ist. Lev Tolstojs *Kosaken* (1863) sind ebenfalls Bewahrer der ursprünglichen russischen Traditionen. Erstaunlich ist, dass er in diese Wertschätzung auch die Tschetschenen einbezieht: Der Kosak achte den Feind, der seinen Bruder getötet habe, mehr als den ihm fremden (russischen) Soldaten, der ihn unterdrücke. Vollends zum nationalen Mythos stilisiert Tolstoj die Kosaken in einem späteren Ausspruch:

> «Die Kosaken haben die gesamte Geschichte Russlands gemacht. Nicht umsonst nennen uns die Europäer Kosaken. Das ganze russische Volk wünscht sich, Kosaken zu sein.»

Auch die russischen Historienmaler nahmen den Kosakenmythos auf, Ilja Repin in *Die Zaporožer Kosaken schreiben dem türkischen Sultan einen Brief*, Vasilij Surikov, Sohn eines sibirischen Kosaken, mit Gemälden von der Eroberung Sibiriens durch Ermak und von Stenka Razin, in seinem Boot auf der Wolga. Das Motiv des Kosaken findet sich auch bei Vasilij Kandinskij.

Gleichzeitig werden die vom Zarismus «gezähmten» Kosaken nun zu einem imperialen Mythos: Sie sind Wahrer und Mehrer des Imperiums, verteidigen das Vaterland gegen Franzosen, Briten, Türken und Kaukasier. In populären Erzählungen und Abbildungen treten Kosaken bis zum Ersten Weltkrieg ständig als Prototyp des Kriegshelden auf. Dieser Mythos verbindet sich mit dem Mythos vom guten Zaren, dessen enge Bindungen an das Kosakentum symbolisch untermauert werden. Die Kosaken verteidigen den Zaren auch im Inneren, indem sie Protestbewegungen der Bauern, Arbeiter und Nationalitäten niederknüppeln. Damals entstand das Bild vom Kosaken als grausamem Schergen der Reaktion, das von den Bolschewiki aufgenommen wurde und ihre Kosakenpolitk mitbestimmte. Isaak Babel versuchte in seiner *Reiterarmee* den Mythos des heroischen gewalttätigen Kosaken noch einmal zu beleben, während Michail Šolochovs ab 1928 in Fortsetzungen erscheinender *Stiller Don* ein empathischer Abgesang auf das Kosakentum war.

Das Bild der Kosaken als Peitschen schwingende Reiter und zügellose räuberische Soldateska verbreitete sich in Mittel- und Westeuropa, das spätestens seit dem Siebenjährigen Krieg in direkten Kontakt mit kosakischen Reitern kam. Dieser Kosakenmythos wurde zu einem Element westlicher Russlandbilder, vor allem der Russlandfurcht, das über den Ersten und Zweiten Weltkrieg bis heute fortwirkt. Gleichzeitig werden Kosaken auch in ein positives, romantisierendes Russlandbild integriert. So gelten die Kosakenchöre, die in zahlreichen Ländern bis heute auftreten, manchen als Inbegriff der «russischen Seele». Taras Bul'ba, eine auch im Westen beliebte Figur, verkörpert Furcht und Faszination, also beide Seiten des Russlandbildes.

Im postsowjetischen Russland versucht man, den Mythos von den Kosaken als militärische und ideologische Verteidiger des Imperiums und der traditionellen Ordnung wiederzubeleben. Zwar unterstützt die Regierung solche Bestrebungen, doch stellt der Kosakenmythos im heutigen Russland kein essentielles Element des offiziellen imperialen Nationalismus dar.

Mythen sind nicht nur als Objekt der Geistes- und Literaturgeschichte von Interesse, sie sind selbst eine Triebkraft der Ge-

Abb. 20 Karikatur Kosak und Napoleon (Zeichnung von James Gillray 1814)

schichte. Die Bilder und Mythen stimmen zwar nicht unbedingt mit der Geschichte der Kosaken überein, wie sie die Historiker und Historikerinnen schreiben. Sie haben ihre eigene Wirkungsmacht, beeinflussen die Realität und gehören deshalb mit zu einer Geschichte der Kosaken. Sie wurden und werden in unterschiedlichen Kontexten aktiviert, einerseits als Symbole des sozialen Protestes und der Nation, andererseits als Symbole von Reaktion, Repression und Chauvinismus. Der Kosakenmythos hatte für die Geschichte der Ukraine, besonders ihrer Nationsbildung, eine größere Bedeutung als für Russland, wo die Kosaken zwar in der Volksüberlieferung (und bis heute in der Folklore) präsent sind, als nationaler Mythos aber nur sekundäre Bedeutung hatten und haben.

Grenzergemeinschaften im Vergleich

Die Kosaken waren nicht die einzigen Gemeinschaften von Kriegern, die sich an Grenzen formierten und dort spezifische Formen des Zusammenlebens entwickelten. Für einen Vergleich mit den Kosaken bieten sich die Krieger an der Grenze zwischen dem Osmanischen Reich und Ungarn bzw. dem Habsburger Reich und die Pioniere am amerikanischen Frontier des Wilden Westens an.

Die Westgrenze des Osmanischen Reiches gegenüber Ungarn und dem Habsburger Reich trennte nicht wie seine Nordgrenze gegenüber Polen-Litauen und Russland Steppennomaden (die Krim- und Nogaitataren) von Sesshaften, vielmehr unterschieden sich die Lebens- und Wirtschaftsformen auf beiden Seiten der Grenze nicht grundsätzlich. Dementsprechend setzte sich seit dem 16. Jahrhundert die Bevölkerungsmehrheit auf beiden Seiten der Grenze aus den gleichen christlichen ethnischen Gruppen zusammen. Für die Grenzverteidigung bedienten sich sowohl die Osmanen wie auch Ungarn bzw. das Habsburgerreich dieser Gruppen. Es handelte sich in der Mehrheit nicht, wie bei den Kosaken, um entlaufene Bauern, sondern um Wanderhirten, die (obwohl sie mehrheitlich Südslawen und nicht Rumänen waren) als «Walachen» bezeichnet wurden. Diese flüchteten nicht an die Grenze, wie die ostslawischen Bauern zu den Kosaken, sondern sie überschritten die Grenze in beiden Richtungen. Wie bei den Kosaken war die Abgrenzung zwischen Militärdienst und Räuberwesen fließend.

Unter den Gruppen, die in Ungarn seit dem 15. Jahrhundert für die Grenzverteidigung herangezogen wurden, weisen die ursprünglich ebenfalls aus Wanderhirten unterschiedlicher Herkunft rekrutierten Heiducken (Haiduken) Ähnlichkeiten mit den Kosaken auf. Wie bei den Kosaken gab es neben den besoldeten «Dienst-Heiducken», die an der Grenze und später in den Habsburger Heeren dienten, «freie Heiducken», die ihr Leben als Räuber fristeten. Heiducken waren (wie die Kosaken in der Ukraine und Russland) die Kerntruppen der beiden großen ungarischen Volksaufstände von 1514 und 1604. Auch im Fürstentum Walachei treffen wir auf heiduckische Söldner, gelegentlich in einem Heer zusammen mit Dnjeprkosaken. Der Begriff der Heiducken gelangte von Ungarn auf den Balkan, wo er in erster Linie als Bezeichnung für Räuberbanden diente. In der serbischen und bulgarischen Folklore wurden die Heiducken zu «edlen Räubern» und antiosmanischen Freiheitskämpfern stilisiert, in den Nationalbewegungen dann zum nationalen Mythos.

Die Osmanen setzten für die Grenzverteidigung gegenüber Ungarn und in der Folge gegenüber dem Habsburger Reich Soldaten orthodoxen Glaubens ein, die als Martolosen, Vojnuken oder Walachen bezeichnet wurden. Sie hatten Militärdienst zu leisten und erhielten dafür Privilegien. Manche dieser Grenzkrieger wechselten die Seiten und wurden zusammen mit Flüchtlingen aus dem Osmanischen Reich in den weitgehend entvölkerten Grenzregionen des Habsburger Reiches angesiedelt. Sie wurden hier als Walachen, Uskoken oder Graničari (Grenzer) bezeichnet, und ihre 1630 in den Statuta Walachorum festgehaltenen Privilegien (Grundbesitz, persönliche Freiheit, Abgabenfreiheit, Glaubensfreiheit, Selbstverwaltung) entsprachen weitgehend ihrem Status im Osmanischen Reich. Wie die Kosaken unternahmen sie ständige Raubzüge und verschleppten zahlreiche Menschen, die als Sklaven verkauft wurden. Unter den Uskoken, die an der Adriaküste angesiedelt wurden, waren im 16. Jahrhundert Piraten, die von der Festung Senj aus mit ihren wendigen Schiffen osmanische und venezianische Schiffe und Küstenstädte überfielen, so wie die Kosaken auf dem Schwarzen und Kaspischen Meer.

Im 16. bis 18. Jahrhundert wurde der Grenzsaum zum Osmanischen Reich zur «Österreichischen Militärgrenze» ausgebaut, die sich schließlich von Dalmatien bis nach Siebenbürgen erstreckte. Die Militärgrenze bestand aus eigenständigen administrativen Einheiten, die den Kosakenheeren Russlands ähnlich waren. Die mehrheitlich orthodoxen Wehrbauern hatten lebenslang Militärdienst zu leisten. Sie waren im Gegensatz zur Mehrheit der im Landesinneren wohnenden Bevölkerung persönlich frei, bezahlten keine Abgaben und verfügten über erblichen Landbesitz und eine lokale Selbstverwaltung mit gewählten Oberhäuptern. Sie wurden im Laufe der Zeit zu einem wichtigen Reservoir der Habsburger Heere – auch dies eine Parallele zu den Kosaken, ebenso wie ihre Loyalität zur herrschenden Dynastie.

Die privilegierten Wehrbauern an der habsburgischen Militärgrenze blieben als gesonderte Bevölkerungsgruppe bis in die zweite Hälfte des 19. Jahrhunderts erhalten. Wie an den Südgrenzen Polen-Litauens und Russlands bildeten sich also auch an der Grenze zwischen Ungarn bzw. dem Habsburger Reich und dem Osmanischen Reich militärische Grenzergemeinschaften heraus, die spezifische sozio-politische Strukturen aufwiesen und sich durch ihre Privilegien, einen größeren Freiraum und eine Grenzer-Mentalität von der Masse der mehrheitlich unfreien Bauern im Landesinneren unterschieden. Im Ganzen sind die Ähnlichkeiten mit den Kosaken Russlands frappierend. Ein näherer Vergleich könnte sicher weitere Aufschlüsse zum Phänomen der Grenzergemeinschaften im Allgemeinen und zur Geschichte der Kosaken im Besonderen ergeben.

Im globalen Kontext wurden die Kosaken gelegentlich mit den Pionieren des amerikanischen Westens verglichen. Die von Frederick Jackson Turner am Ende des 19. Jahrhunderts formulierte These vom *Frontier* als Keimzelle der amerikanischen Nation ist zu Recht immer wieder kritisiert und modifiziert worden. Sie bleibt aber als heuristisches Instrument zur vergleichenden Untersuchung von Grenzergemeinschaften nützlich.

Turner hat postuliert, dass unter den Bedingungen der nach Westen vorrückenden Grenze, in der Erschließung der «Wildnis» und in der bewaffneten Auseinandersetzung mit den «primitiven Wilden» (den Native Americans oder Indianern) die Pioniere, Trapper und Cowboys des Wilden Westens Lebensformen und Werthaltungen entwickelten, die die amerikanische Gesellschaft grundlegend prägten. Sie setzten den erstarrten ständischen Strukturen und allmächtigen Staaten in Europa Freiheit, Gleichheit, Individualismus, Spontaneität, Wagemut und Kriegertugenden entgegen. Der von Turner begründete Frontier-Mythos mit seiner kolonialistischen Grundhaltung von der «Zivilisierungsmission des weißen Mannes» gegenüber den «Wilden» ist heute nicht mehr akzeptabel, und die quasi deterministische Herleitung des «Volkscharakters» ist fragwürdig. Dennoch hat er seine Wirkungskraft bis heute nicht eingebüßt.

Inwiefern lässt sich die Frontier-These auf die Kosaken übertragen? Einige Parallelen sind offensichtlich: Die geographischen Voraussetzungen der unwirtlichen Natur und der offenen Grenzen, der ausgeprägt militärische Charakter und die Situation an der Grenze zwischen Sesshaften und Nomaden, zwischen unterschiedlichen Religionen und Kulturen. Dem mobilen amerikanischen Frontier kommt die wandernde Grenze in der Erschließung Sibiriens, in der Dienstkosaken eine führende Rolle spielten, näher als die räumlich relativ stabile Steppengrenze, der Lebensraum der freien Kosaken. Die meisten den amerikanischen Pionieren zugeschriebenen Werte – Freiheit, Ungebundenheit, Gleichheit, Tapferkeit und kriegerischer Geist – finden sich aber bei allen Kosaken.

Die Grenzergemeinschaften in der Ukraine und Russland stellten in der Frühen Neuzeit eine potentielle Alternative zum aristokratischen Polen-Litauen und zum autokratischen Moskauer Staat dar. Waren sie deshalb (wie das Turner für den amerikanischen Frontier behauptet) ein vormoderner Nukleus politischer Demokratie? Die spezifischen sozio-politischen Strukturen und Mentalitäten des osteuropäischen Frontier blieben auf die kosakischen Peripherien beschränkt und wurden nicht auf den gesamten Staat übertragen. Eine partielle Ausnahme ist das frühe ukrainische Kosaken-Hetmanat in der Mitte des 17. Jahrhunderts. Im 18. und 19. Jahrhundert brachte aber der Staat die freien Grenzergemeinschaften unter seine Kontrolle und integrierte sie in die ständisch gegliederte, politisch unfreie Gesellschaft des Zarenreiches. Letzte Reste der kosakischen Frontier-Mentalität wurden von der Sowjetmacht ausgelöscht. Lebendig blieb der Kosakenmythos, der in der Ukraine – wie der Frontier in Amerika – zum nationalen Mythos wurde.

Nachwort

Die Aufgabe, eine Geschichte der Kosaken zu schreiben, ist kein einfaches Unterfangen. Ein Grund dafür ist schon die schlechte Quellenlage, denn über die Anfänge des Kosakentums sind wir nur über Berichte von Nichtkosaken informiert. Die Schriftlichkeit hielt bei diesen vorstaatlichen Gemeinschaften erst spät Einzug, und die Zahl der Gebildeten unter den Kosaken blieb auch später gering, so dass weiter die Sicht von außen dominierte.

Ein anderes Hindernis ist die nationalstaatliche Optik zahlreicher historischer Arbeiten. Die ukrainischen HistorikerInnen betrachten die Geschichte der Dnjeprkosaken fast immer im Rahmen einer exklusiven Nationalgeschichte, in der den Kosaken ein zentraler Platz zukommt. In vielen russischen Arbeiten treten die Kosaken als spezifisch orthodox-russisches Phänomen auf, das in einem Antagonismus zur Welt der Muslime steht.

Dennoch haben russische, ukrainische und polnische WissenschaftlerInnen zahlreiche wertvolle Studien zur Geschichte der Kosaken vorgelegt, die für ein vertieftes Studium herangezogen werden müssen. Ich führe ihre Arbeiten im Literaturverzeichnis aus Platzgründen nicht an und nenne hier nur einige Namen hervorragender Kosakenexperten: A. I. Agafonov, S. M. Markedonov, N. A. Mininkov, A. L. Stanislavskij, T. G. Tairova und L. B. Zasedateleva (Russland), Viktor Brechunenko, Viktor Horobec', Oleksandr Huržij, Jurij Mycyk, Vitalij Ščerbak und Valerij Smolij (Ukraine), Maciej Franz, Władysław Serczyk und Zbigniew Wójcik (Polen).

In westlichen Sprachen liegen einige wenige Überblicksdarstellungen vor, die beste und aktuellste stammt von Shane O'Rourke. Deutsch- und englischsprachige Arbeiten zu einzelnen Aspekten der kosakischen Geschichte waren lange Zeit rar. Eine frühe Ausnahme ist das Pionierwerk Günther Stökls über die Anfänge des Kosakentums. In jüngster Zeit haben die Studien von Barrett, Boeck, Holquist, Kumke, O'Rourke und Plokhy zur Geschichte einzelner Kosakenheere neue Perspektiven eröffnet, die zur Revision überkommener Vorstellungen zwingen.

Russische und ukrainische Namen gebe ich in der wissenschaftlichen Transliteration wieder (bis auf im Deutschen fest verankerte Schreibweisen wie Wolga statt Volga, Tschetschenen statt Čečenen u. ä.). Russisch/ukrainisch ч wird mit č, ш mit š, ж mit ž und ц mit c, russisch ы bzw. ukrainisch и mit y wiedergegeben.

Ich danke Carsten Goehrke und Clemens Pausz für die kritische Lektüre des Manuskripts und wichtige Anregungen, Marija Wakounig für Auskünfte zur österreichischen Militärgrenze, Ihor Kosyk für Hilfe bei einer Übersetzung aus dem Ukrainischen und Raimund Bezold, Rosemarie Mayr und Petra Rehder vom Verlag C. H. Beck für die gute Zusammenarbeit.

Anhang

Zeittafel

Ende 15. Jh.	Erste Erwähnung ostslawischer Kosaken
Mitte 16. Jh.	Fürst Vyšnevec'kyj begründet die Zaporožer Sič
1572	Erste Registerkosaken in Polen-Litauen
1582	Kosaken unter Ermak erobern Sibir'
1591–1596	Kosakenaufstände in der Ukraine
1594	Gesandtschaft Erich Lassotas zu den Zaporožer Kosaken
1595/96	Kirchenunion von Brest
1606/07	Volksaufstand unter Führung Ivan Bolotnikovs
1615	Die Dnjeprkosaken treten der Kiever Bruderschaft bei
1637	Eroberung Azovs durch die Don- und Dnjeprkosaken
1648	Semen Dežnev entdeckt die Beringstraße
1648	Volksaufstand unter Führung von Bohdan Chmel'nyc'kyj
1654	Vereinbarung von Perejaslav: Die Dnjeprkosaken unterstellen sich dem Zaren
1667	Teilung des Hetmanats zwischen Polen-Litauen und dem Moskauer Staat
1670/71	Volksaufstand unter Führung Stepan Razins
1704	Den Donkosaken wird verboten, flüchtende Bauern aufzunehmen
1707–1709	Kosakenaufstand unter Führung Kondratij Bulavins
1708	Hetman Mazepa fällt von Peter I. ab und schließt sich dem schwedischen König an
1709	Schlacht von Poltava
1754	Der Ataman der Donkosaken wird erstmals von Russland eingesetzt
1758	Begründung des Orenburger Kosakenheeres
1773–1775	Volksaufstand unter Führung von Emeljan Pugačev
1775	Zerstörung der Zaporožer Sič
1788	Begründung des Heeres der Schwarzmeerkosaken
1780er Jahre	Liquidierung des Hetmanats
1808	Begründung des Heeres der sibirischen Kosaken
1812	«Vaterländischer Krieg» gegen Napoleon
1817	Begründung des Heeres der Astrachan'kosaken
1827	Russischer Thronfolger wird Ataman aller Kosakenheere

1835/42	Erscheinen von Gogols *Taras Bul'ba*
1840	Erscheinen von Taras Ševčenkos Kobzar
1851	Begründung des Transbaikal-Heeres
1860	Begründung des Kuban-Heeres
1860	Begründung des Amur-Heeres
1863	Erscheinen von Lev Tolstojs *Die Kosaken*
1867	Begründung des Semireč'e-Heeres
1875	Reglement über die Militärdienstpflicht der Donkosaken
1889	Begründung des Ussuri-Heeres
1905–07	Revolution in Russland
1917, 23.–27.2.	Februarrevolution
1917, 23.–26.12.	Oktoberrevolution
Ende 1917–1921	Russischer Bürgerkrieg
1918	Hetmanat unter Pavlo Skoropads'kyj in der Ukraine
1918–1919	Ukrainische Volksrepublik
1918–1919	Kuban-Republik, Don-Republik
1918, Mai	Wahl Petr Krasnovs zum Ataman des «All-Großen Don-Heeres»
1918–1921	Atamanščina Grigorij Semenovs
1919, Januar	Sowjetisches Dekret zur «Entkosakisierung»
1919	Feldzüge der Freiwilligenarmee Denikins mit den Don- und Kubankosaken
1920/21	Emigration von mindestens 60 000 Kosaken
1921/22	Hungersnot im Süden Russlands
1928	Erster Teil des *Stillen Don* von Šolochov erscheint
1929	Beginn der Zwangskollektivierung der Landwirtschaft
1929–1933	«Liquidierung des Kulakentums als Klasse», Deportation von mindestens 200 000 Kosaken
1932/33	Hungersnot in der Sowjetunion, u. a. im Kuban-Gebiet
1942	Besetzung weiter Gebiete der ehemaligen Don- und Kubankosaken durch die deutsche Wehrmacht
1943, April	Bildung der 1. Kosaken-Kavalleriedivision unter Helmuth von Pannwitz
1945, Februar	Bildung des 15. Kosaken-Kavalleriekorps
1945, Mai/Juni	Auslieferung von 40 000 Kosaken an die Sowjetunion
1990, Juni	Begründung des Kosakenbundes in Moskau
1990, September	Begründung der Organisation «Ukrainisches Kosakentum» in Kiev

Literaturhinweise

Ich beschränke mich auf Literatur in deutscher und englischer Sprache.

Thomas M. Barrett: At the Edge of the Empire. The Terek Cossacks and the North Caucasian Frontier, 1700–1860. Boulder, Col. 1999.

Brian J. Boeck: Imperial Boundaries. Cossack Communities and Empire-Building in the Age of Peter the Great. Cambridge, Mass. 2009.

Jana Bürgers: Kosakenmythos und Nationsbildung in der postsowjetischen Ukraine. Konstanz 2006.

Udo Gehrmann: Das Kosakentum in Russland zu Beginn der neunziger Jahre: Historische Traditionen und Zukunftsvisionen = Berichte des Bundesinstituts für ostwissenschaftliche und internationale Studien 11/1992.

Ders.: Die Kosaken – Traditionalismus und nationale Erinnerung in der Ukraine = Berichte … 23/1994.

Carsten Goehrke: Die russischen Kosaken im Wandel des Geschichtsbildes, in: Schweizerische Zeitschrift für Geschichte Bd. 30 (1980), S. 181–203.

Peter Holquist: Making War, Forging Revolution. Russia's Continuum of Crisis, 1914–1921. Cambridge, Mass. 2002.

Judith Deutsch Kornblatt: The Cossack Hero in Russian Literature, A Study in Cultural Mythology. Madison 1992.

Carsten Kumke: Führer und Geführte bei den Zaporoger Kosaken. Struktur und Geschichte kosakischer Verbände im polnisch-litauischen Grenzland (1550–1648). Wiesbaden 1993 (= Forschungen zur osteuropäischen Geschichte 49).

Erich Lassota von Steblau. Tagebuch, hg. von Reinhold Schottin. Halle 1866.

Philip Longworth: Die Kosaken. Legende und Geschichte. Wiesbaden 1971.

Robert H. McNeal: Tsar and Cossacks 1855–1914. Oxford 1987.

Samuel J. Newland: Cossacks in the German Army 1941–1945. London, New York 1991 (reprint 2007).

Shane O'Rourke: The Cossacks. Manchester, New York 2007.

Ders.: Warriors and Peasants. The Don Cossacks in Late Imperial Russia. Oxford 2000.

Serhii Plokhy: The Cossacks and Religion in Early Modern Ukraine. Oxford 2001.

Peter Rostankowski: Siedlungsgeschichte und Siedlungsformen in den Ländern der russischen Kosakenheere. Berlin 1969.

Albert Seaton: The Horsemen of the Steppes. The Story of the Cossacks. London 1985.
Harald Stadler u. a. (Hg.): Die Kosaken im Ersten und Zweiten Weltkrieg. Innsbruck u. a. 2008.
Günther Stökl: Die Entstehung des Kosakentums. München 1953.
Christoph Witzenrath: Cossacks and the Russian Empire, 1598–1725. Manipulation, Rebellion and Expansion into Siberia. London, New York 2007.

Karten und Abbildungen

Die Karten wurden gezeichnet von Peter Palm, Berlin.

Abb. 1: akg-images/Erich Lessing
Abb. 2, 10, 11, 18: Archiv des Verlags
Abb. 3, 4, 7, 13, 20: zit. n. Philip Longworth: Die Kosaken. Legende und Geschichte. Wiesbaden 1971
Abb. 5: zit. n. Istorija Ukrain'skoho Kosactva, Bd. 2. Kyïv, 2007
Abb. 6: zit. n. Ruslan G. Skrynnikov: Rossija nakanune «smutnogo vremeni». Moskva 1980
Abb. 8: akg-images/Russian Picture Service
Abb. 9: Ullstein Bilderdienst
Abb. 12: akg-images
Abb. 14, 17: zit. n. Shane O'Rourke: The Cossacks. Manchester, New York 2007
Abb. 15: Bundesarchiv, Bild 146-1975-099-15A
Abb. 16: zit. n. John Ure: The Cossacks. An Illustrated History. Woodstock, New York 1999
Abb. 19: getty/DEA Picture Library

Register

C.H.BECK **WISSEN**
in der Beck'schen Reihe

Zuletzt erschienen:

2220: Friedrich, **Richard Wagners Opern**
2495: Gruner, **Der Deutsche Bund**
2516: Büttner: **Hieronymus Bosch**
2550: Arnold, **Die ägyptische Kunst**
2559: Zimmermann, **Die Kunst des 19. Jahrhunderts**
2573: Korn, **Die Moschee**
2574: Müller, **Die Kunst der Kelten**
2708: Krebernik, **Götter u. Mythen des Alten Orients**
2734: Soëtard, **Jean-Jacques Rousseau**
2735: Reinalter, **Joseph II.**
2736: Rödder, **Geschichte der deutschen Wiedervereinigung**
2737: Sarnowsky, **Die Johanniter**
2738: Schröder, **Johann Sebastian Bach**
2739: Wicke, **Rock und Pop**
2740: Zimmermann, **Pergamon**
2741: Reinhardt, **Die Borgia**
2742: Beck/Prinz, **Staatsverschuldung**
2743: Böhm, **Die Reformpädagogik**
2745: Patzold, **Das Lehnswesen**
2746: Hartmann, **Die Merowinger**
2747: Demandt, **Pontius Pilatus**
2748: Bierling, **Nelson Mandela**
2749: Sautter, **Die 100 wichtigsten Personen der Weltgeschichte**
2753: Faulenbach, **Geschichte der SPD**
2754: Gerhard, **Giuseppe Verdi**
2755: Houben, **Die Normannen**
2756: Karsten, **Geschichte Venedigs**
2758: Kreiser, **Geschichte der Türkei**
2759: Llanque, **Geschichte der politischen Ideen**
2761: Oltmer, **Globale Migration**
2762: Rader, **Kaiser Friedrich II.**
2763: Schlögl, **Nofretete**
2764: Schmidt, **Der deutsche Sozialstaat**
2765: Stuchtey, **Geschichte Irlands**
2766: Voss, **Richard Wagner**